Un parcours analytique

DÉBATS EN PSYCHANALYSE

DIRECTRICE : ISABELLE MARTIN KAMIENIAK
– FONDATEUR : CLAUDE LE GUEN

Un parcours analytique

De la rencontre à l'interprétation

CHRISTINE BOUCHARD

PRÉFACE DE

JEAN-LOUIS BALDACCI

puf

ISBN : 978-2-13-087950-3
Dépôt légal – 1re édition : juin 2025

170 bis, boulevard du Montparnasse, 75014 Paris

Sommaire

Préface

Jean-Louis BALDACCI*

Avec ce titre, Christine Bouchard nous invite à la suivre dans l'aventure pratique et théorique de la cure psychanalytique depuis son début jusqu'à sa fin, lorsque « le transfert » retrouve son pluriel, et qu'il devient à nouveau « les transferts ». Comment Transfert et Interprétation permettent-ils au patient de continuer d'avancer seul sans s'enliser dans les méandres de la répétition ? C'est à mon sens ce que cherche l'auteure, le projet profond du livre.

À la lire, il apparaît que dès le début de sa pratique, probablement en mesurant les écarts avec sa propre expérience du divan, Christine Bouchard a été profondément questionnée par l'énigme du transfert ainsi que par les conditions de son interprétation. Pourquoi certaines personnes seraient-elles accessibles à ces phénomènes ainsi qu'à leur pouvoir de transformation psychique et pas d'autres ? Et pour les réfractaires, pourquoi demandent-ils, sur un mode souvent paradoxal, à s'engager tout de même dans une psychanalyse ? Pouvons-nous alors proposer des formes de traitements susceptibles de leur donner malgré tout accès au changement ?

---

* Psychiatre, psychanalyste, membre titulaire Formateur de la Société psychanalytique de Paris, ancien directeur du Centre de consultations et de traitements psychanalytiques Jean-Favreau.

Deux questions de ses patientes posées dès l'énonciation de la Règle fondamentale de l'analyse, donc à la première séance de leur cure, illustrent ce problème avec force.

L'une dit : « je vous parle à vous, ou… ? »

Et l'autre : « et vous me répondrez ?… »

Elles font suivre leur question d'un silence.

En nous distanciant de leur clinique singulière, il y a deux lectures possibles de ces formulations complémentaires.

« À qui parlons-nous quand nous sommes sur le divan ? Si ce n'est à la personne derrière nous, à qui d'autre ? Et alors qui répond ? », serait la première. Cette incertitude à la fois inquiète et curieuse ouvre le transfert au singulier. Elle traduit la prémonition des transpositions et des mises en abyme qu'il annonce. La question est déjà une attente de l'interprétation qui permettra à l'analyste de s'incarner à nouveau après avoir endossé d'autres figures.

Quant à la seconde : « Pourriez-vous ne pas me répondre ? et ce silence signifierait-il que je ne parle qu'aux murs de la pièce ? », elle souligne l'intolérance de l'incertitude et de l'ambiguïté nécessaire au transfert et à son interprétation. Avec elle pointe l'angoisse devant la menace du retour d'un trauma non transformé que seul l'engagement d'une implication réelle de l'analyste en tant que personne pourrait écarter. Dans ce cas, la situation analytique et la disjonction de l'analyste entre personne réelle et personne objet du transfert paraît problématique, la relation l'emporte sur le transfert. Le transfert se fait direct, hostile ou amical et l'interprétation en particulier, celle du transfert négatif est difficile, voire impossible. Quant à la parole, elle devient adresse ou question directe comme dans l'exemple et perd de sa capacité de liaison aux représentations psychiques. Les trois premiers textes de la seconde partie intitulée « L'interprétabilité » développent ces questions.

Le premier[1] interroge en effet ces situations où l'écart énoncé/énonciation n'est pas fonctionnel. Vouloir le rétablir sollicite un transfert négatif[2] difficilement analysable. Ainsi de cette patiente qui s'excuse d'avoir inquiété l'analyste à la suite d'une interprétation sur sa méfiance éventuelle au cours de la séance. Toutes ces situations ont en commun un rapport particulier à la parole[3]. Une parole qui ne s'est manifestement pas approprié la Négation comme cet opérateur permettant à la fois le jeu des renversements et un certain degré de porosité entre les instances psychiques. Ce trouble révèle qu'il n'y a pas eu au plan pulsionnel une inhibition de but suffisante pour quitter l'objet au profit du jeu des déplacements de la libido. Dans ces cas, l'analyste renonce à l'interprétation et essaie de rester le support et le témoin de ce qui se joue dans les transferts latéraux qui animent un discours plus narratif qu'associatif. Mais alors Christine Bouchard aborde une question cruciale : comment permettre au patient de s'identifier au renoncement de l'analyste et transmettre avec lui l'inhibition de but qui a manqué ? Comment l'aider à intérioriser celle-ci ? Elle nous conduit alors au cœur du problème du contre-transfert dont l'élaboration devient la condition de la poursuite de la cure, voire de son engagement.

Pour travailler ces questions qu'elle rencontrait dans sa pratique libérale, elle s'est inspirée de son travail dans une institution psychanalytique, le Centre de consultations et de traitements psychanalytiques Jean-Favreau[4], et sur la qualité

1. Voir « Un changement préalable au changement : l'interprétabilité », p. 75.

2. « Peut-on interpréter le transfert négatif ? », p. 91.

3. « Réflexions à propos de l'agir de parole », p. 107.

4. Le CCTP est une institution psychanalytique gratuite créée dans les années 1950 en lien avec l'Institut de psychanalyse et la SPP ; il fait partie depuis 2015 du Pôle psychanalytique de l'ASM13.

des échanges entre analystes qu'elle y trouva. Lorsqu'elle commença d'y exercer, les difficultés rencontrées dans la mise en place de certains traitements psychanalytiques étaient le plus souvent référées à la séparation qui existait entre analyste traitant et analyste consultant[1]. Les analystes traitants pensaient que l'indication avait été mal posée par le consultant, les consultants que le traitement avait été mal conduit, et certains des deux groupes doutaient que le transfert du transfert entre deux analystes fût possible : la notion même de consultation psychanalytique risquait alors de perdre son sens. Pour se dégager des clivages institutionnels qui menaçaient, Jean-Luc Donnet, alors médecin directeur, proposa la création de groupes dits « charnières », qui réunissaient en nombre égal analystes consultants et analystes traitants à propos de situations cliniques problématiques. Il apparut alors que les clivages rencontrés étaient liés aux histoires singulières des patients, et que l'évocation de ces problèmes entre analystes traitants et analystes consultants facilitait dans l'après-coup leur résolution intra-analytique. Il suffisait de pouvoir en parler suffisamment librement.

Ce travail qui porta sur une année environ eut de multiples conséquences.

Tout d'abord, les groupes « charnières » se transformèrent en un groupe de travail unique se réunissant deux fois par mois. Au cours de ces séances se précisa progressivement une méthode de travail[2], qui permit chaque année de dégager une problématique saillante à présenter au cours d'un colloque annuel.

---

1. Le CCTP est une institution où encore aujourd'hui tout patient qui y engage un traitement a rencontré deux analystes distincts, l'analyste consultant, celui qui pose l'indication, et l'analyste traitant qui conduit la cure.

2. Voir le texte consacré à l'écoute collective p. 119.

Ensuite, Christine Bouchard et moi-même, analystes de la même génération ayant débuté presque simultanément au CCTP et participé à toutes les étapes de sa réorganisation, avons décidé de reprendre toutes les instaurations problématiques de traitements sur une durée de deux ans et de questionner les thèmes de l'indication et du refus. Nous avons pu ainsi montrer et présenter lors d'un colloque du Centre que dans les indications limites le travail consultatif préalable avec un nombre suffisant de consultations (4 à 6), loin d'entraver le transfert du transfert, pouvait au contraire le faciliter. En faisant jouer «l'effet cohorte[1]», il fut alors possible de réhabiliter la consultation psychanalytique qui était très critiquée dans les sociétés d'analystes et de montrer qu'elle n'était pas réservée à des circonstances exceptionnelles (patient limite, psychotique, psychosomatique, enfant/parent, etc.). C'est probablement ce qui fut à l'origine de l'article commun que nous avons écrit sur la rencontre analytique, et qui figure dans ce livre[2]. Elle le prolongea par l'interview passionnante de Jean-Luc Donnet en dialogue avec Michel de M'Uzan, car ils avaient à propos de la consultation des positions divergentes sur sa durée, sa répétition éventuelle, ainsi que sur les questions d'indication et de refus[3].

Enfin ce groupe de travail institué, avec sa méthodologie originale, lui a permis de montrer que l'écoute collective était nécessaire à l'élaboration du contre-transfert mobilisé par les organisations narcissiques et leur fixation anti-traumatique à l'objet. Deux textes en témoignent remarquablement: «Les après-coup de la rencontre[4]», où elle nous montre comment

1. C'est-à-dire la cinquantaine de dossiers examinés.

2. «La rencontre analytique, proposition d'un parcours», p. 41.

3. «Jean-Luc Donnet et Michel de M'Uzan, La rencontre analytique», p. 19.

4. p. 59.

l'après-coup nécessaire à l'instauration d'un espace psychique est habité par l'adresse à l'autre analyste ; et les « effets de transformation de l'écoute collective[1] », où ces modalités particulières d'une écoute qui se différencie de la supervision permettent de se dégager des effets de séduction des grands traumas et du statut d'exception qu'ils confèrent tant au patient qu'à l'analyste qui en parle.

Ces travaux et réflexions soutenus par la méthodologie rencontrée au CCTP nous font comprendre que l'élaboration du contre-transfert fait toujours référence à l'autre analyse comme garant d'une fonction tierce. C'est lui, c'est elle, qui permettent au contre-transfert de redevenir transfert dans une succession d'après-coups qui impliquent successivement la parole, l'écriture et éventuellement l'élaboration théorique, voire la publication.

Peut alors se retrouver la vitalité de la sexualité infantile[2], se reconstruire une histoire et donc s'ouvrir l'abord de situations aux limites de l'analysable[3], éventuellement en aménageant, voire en complexifiant le cadre classique de l'analyse[4]. Dans ce cheminement et par touches successives, Christine Bouchard interroge la question du lien primaire, de la honte et des problèmes de la fixation à l'objet. Mais à chaque fois elle repère le risque qu'implique l'approche de ces zones archaïques du fonctionnement psychique, en particulier celui de nous faire tomber dans l'illusion de la toute-puissance analytique, qui n'est qu'une autre variante des pièges du narcissisme que l'on cherche à combattre. Elle

1. p. 119.

2. « Autoérotismes, aléas d'un parcours », p. 137, et « La sexualité parlée en séance », p. 153.

3. Voir « Intraitables », p. 167 et « S'impliquer, oui ! mais… », p. 173.

4. Face à face, psychodrames, groupe, traitements consultatifs à durée limitée.

n'oublie pas qu'elle est partie d'une réflexion sur les limites de la cure comme condition de son pouvoir. Elle en appelle alors aux paradoxes winnicottiens, à l'hallucination négative de Green et au Don d'absence de Jean-Luc Donnet, des références qui lui permettent de soutenir la dynamique d'une interprétation qui respecte toujours le trouver/créer auquel elle se réfère.

Au fil de ses textes et des perspectives qu'ils nous découvrent, Christine Bouchard nous fait partager avec générosité ses recherches et ses doutes, faisant de son livre un formidable outil de travail et de transmission.

La rencontre

*Jean-Luc Donnet**
*et Michel de M'Uzan**:*
la rencontre analytique (extraits)[1]

Interview par Christine Bouchard
et Jean-Michel Porte***

BRÈVES REMARQUES

Provoquer un dialogue sur la rencontre analytique entre Jean-Luc Donnet et Michel de M'Uzan, qui sont tous deux consultants au centre Jean-Favreau, nous a paru intéressant du fait que si leur pratique de la consultation publique peut

---

* Jean-Luc Donnet (1932-2022), psychiatre, psychanalyste, membre titulaire formateur de la Société psychanalytique de Paris, ancien directeur du Centre de consultations et de traitements psychanalytiques Jean-Favreau.

** Michel de M'Uzan (1921-2018), neuropsychiatre, psychanalyste, membre titulaire formateur de la Société psychanalytique de Paris, ancien directeur de l'Institut de psychanalyse, co-fondateur de l'Institut de psychosomatique Pierre Marty.

1. Interview réalisée en mars 1997, parue dans son intégralité dans la *RFP*, t. LXII, n° 1, 1998.

*** Psychiatre, psychanalyste, membre titulaire formateur de la Société psychanalytique de Paris, membre de l'Institut de psychosomatique Pierre Marty, ancien président de la SPP.

paraître proche, elle n'en contient pas moins des divergences qui méritaient réflexion et clarification.

C. B. et J.-M. P.

INTERVIEW

En guise d'introduction, pouvez-vous nous dire comment, dans votre expérience, vous percevez l'évolution de la rencontre analytique ?

Jean-Luc Donnet – Personnellement, je n'ai pas connu de véritable rencontre analytique avant d'être sur le divan, ça s'est passé à travers des visites de présélection assez formelles. Au fond, j'ai commencé sans introduction et c'est sur le divan que j'ai découvert l'analyse. Dans le contexte de la fin des années 1950, ça a dû se produire assez souvent.

Michel de M'Uzan. – En ce qui me concerne, j'ai l'impression que la rencontre analytique s'est faite dès le premier entretien. Il y avait là quelque chose d'extrêmement convaincant qui m'avait donné l'« intime conviction » que c'était avec cet analyste-là que je voulais aller. C'était quelque chose d'unique que je n'avais pas eu l'occasion de vivre dans d'autres situations, connoté d'ailleurs d'une certaine étrangeté. Toi, tu dis que c'est sur le divan, pour moi, c'est la rencontre.

[...]

Compte tenu de l'histoire et de l'évolution de l'analyse, pourriez-vous indiquer les éléments qui vous semblent s'être modifiés, tant dans la réflexion sur la psychanalyse que dans votre pratique personnelle des premières rencontres ?

M. de M. – Je suis bien embarrassé pour répondre, car il est évident qu'il y a eu une évolution, non seulement des principes et des manières de la rencontre analytique, mais aussi des personnes qui étaient autres. Des gens comme Parcheminey et Schlumberger étaient des personnalités d'une grande culture qui donnaient l'impression que l'analyse était pour eux quelque chose de l'ordre d'une passion. Celle-ci était perceptible pour celui qui venait leur parler. Je serais tenté de dire que cet élément paraît moins engagé maintenant. [...] À l'époque, il pouvait paraître bizarre qu'un interne en psychiatrie ne soit pas sur un divan. Mais il y avait aussi ceux qui venaient à l'analyse par nécessité interne et qui n'avaient pas besoin de l'excuse d'une formation analytique pour s'accorder la cure, ce qui s'est fait plus prégnant par la suite. Donc, la passion où est-elle ? Cherchez la passion.

J.-L. D. – Les premiers modèles de rencontre analytique que j'ai connus étaient ceux de certains consultants de Sainte-Anne. Le lien de contraste – mais aussi de continuité – avec la consultation psychiatrique était quelque chose de très sensible. Donc, l'effort pour les différencier constituait un élément précieux de la situation. J'ai été, par exemple, très frappé par la capacité d'André Green à tolérer un silence très prolongé, même : en présence de trente personnes, en consultation publique. Quand le patient se mettait à parler, ce n'était pas le même discours qu'au cours d'un « interrogatoire ».

[...]

Comment la situation a-t-elle évolué ?

M. de M. – Le climat a changé, la psychanalyse s'est popularisée – dans le bon sens du terme. Les enjeux ne sont plus tout à fait les mêmes, ce qu'il y avait de vision artistique dans la cure a cédé progressivement le pas à des enjeux beaucoup plus graves.

C'est-à-dire ?

M. de M. – La prise en compte de la souffrance n'est plus tout à fait identique, celle-ci est peut-être plus lourde, elle nous concerne davantage, elle exige de nous des aménagements plus ou moins importants.

J.-L. D. – Il y a en effet une évolution : une popularisation de l'analyse, une évolution des représentations sociales de l'analyse et du psychanalyste avec une répercussion sur la demande d'analyse et sur la manière dont se présente la rencontre initiale. Évolution incontestable que je trouve difficile à décrire, à ressaisir. Ce sur quoi je mettrai l'accent complémentairement à toi c'est le fait que, dans mon souvenir, la question des indications, il y a une trentaine d'années, se jouait dans des termes plus proches du médical. On pourrait dire que la conjonction dans l'entretien entre sa valeur d'événement, ou de rencontre, et sa dimension évaluative était moins fermement posée, que l'idée d'un diagnostic de structure pouvait suffire à poser une indication d'analyse dans une sorte de disjonction entre ce temps de diagnostic et celui de la mise en œuvre du traitement. Je crois que c'est quelque chose qui s'est un peu effacé.

M. de M. – Je n'ai pas tout à fait cette impression. Tu rappelais tout à l'heure que tu avais été frappé par le silence que pouvait imposer André Green.

C'était quelque chose qui m'était familier, déjà dans les années 1950 et, de surcroît, dans des registres qui étaient ceux de la maladie somatique.

[…]

Pourrait-on dire que, d'un côté, la finalité de l'entretien serait de poser une indication après un recueil anamnestique et un repérage nosographique tandis que d'un autre côté, l'enjeu serait que le patient puisse déjà faire l'expérience de la situation analytique dans la rencontre initiale ?

M. de M. – Est-ce que l'un ne va pas avec l'autre ? Idéalement, c'est dans la mesure où il y a eu « rencontre » qu'il y a possibilité d'avoir une sorte d'assurance plus grande dans l'évaluation.

Du fait de la proposition d'une écoute interprétative, peut-on faire de la première rencontre un « fragment de cure » alors que, dans le même temps, le cadre n'a pas encore été défini et le patient ne sait pas encore si l'analyste qui le reçoit sera son analyste ? N'y a-t-il pas contradiction entre l'offre de parole libre et l'absence de cadre offert (règle fondamentale, indétermination du temps des séances...) ?

J.-L. D. – Je suis d'accord avec cette formulation dans la mesure où la première rencontre n'est pas analytique, qu'elle a à le devenir. Dans ce sens, on pourrait la comparer à ce que Freud désignait comme « traitement d'essai » [...] Il y a dans l'instauration de la rencontre, c'est-à-dire dans ce que le psychanalyste offre comme situation (écoute, implicitement offre de parole libre), une « simulation » de situation analytique. Mais il existe un écart entre cette situation et la situation analytique proprement dite [...] : il n'y a pas explicitation du cadre et il n'y a pas non plus d'instauration en tant qu'engagement réciproque avec la temporalité indéfinie de la succession des séances. Le patient est donc mis dans une situation dans laquelle les difficultés rencontrées découlent aussi bien de résistances propres devant l'activité de parole, la « menace » intérieure, que de la préoccupation prioritaire de l'enjeu de la cooptation. C'est dans cette problématique, qui implique simultanément la quête du sens et la quête du cadre, que je situe la problématique cruciale, « épistémologique », de la rencontre.

[...]

M. de M. – Il y a effectivement deux versants, mais je crois aussi que par l'offre de parole analytique lors de la première rencontre le patient vit quelque chose de tout à fait exceptionnel, d'unique, et, qu'ils le veuillent ou non, le patient et l'analyste sont « embarqués » jusqu'à un certain point, même si l'analyste a une possibilité de recul plus importante. Quand je retrouve brièvement le patient après une consultation publique, il a déjà en tête, assez souvent, que quelque chose va se poursuivre. Il y a toujours un certain étonnement quand je lui dis que ce sera différent, que ce sera avec un autre[1]. [...] Est-ce que cette offre de parole n'a pas été trop importante étant donné ce qui va advenir ?

Vous parlez du centre « Jean-Favreau ». Est-ce différent dans votre cabinet ?

M. de M. – Je procède de la même manière. Je crois beaucoup au cadre que l'on propose et au protocole. L'esprit est le même, simplement la rigueur prend des formes différentes dans les deux situations. La présence d'une assistance et le projet d'une transmission font qu'il y a toujours un facteur de démonstration qui vient un peu fausser la situation. On est dans l'arène, il faut que ça passe.

[...] Dans le fond, j'ai l'impression qu'en général, on a très vite le sentiment de ce dont il est question. Donc, je suis plutôt contre la répétition des entretiens. Bouvet disait qu'on pouvait avoir un deuxième entretien, mais pas trop, parce qu'il pensait qu'il n'était pas souhaitable que l'analyste se manifeste dans sa personne.

La multiplicité des entretiens ne pourrait-elle pas se justifier par l'appréciation des changements dynamiques qu'elle permettrait d'observer ?

J.-L. D. [...]

Quant à la question du nombre d'entretiens, il est clair qu'il y a une contradiction à soutenir entre le désir d'affiner l'évaluation et l'exigence de clore au plus vite. Il y a deux types extrêmes de patients avec lesquels cette clôture

1. M. de M'Uzan se réfère ici à la consultation au centre Jean-Favreau où le consultant n'est pas, par définition, le psychanalyste traitant.

est rapide : les analysants « naturels » pour lesquels il n'y a aucune raison – autre que d'enseignement – de différer la proposition d'un cadre ; à l'opposé, les contre-indications évidentes qui appellent une décision de refus. Entre les deux, c'est parfois la bouteille à l'encre. Plus l'analyste paie de sa personne pour faire vivre la rencontre, lui conférer une valeur dynamique, moins l'évaluation est claire, puisqu'elle concerne la séduction de l'analyste plus que celle de la situation et de sa méthode. Avec l'évolution des pathologies et des demandes, on a du mal à parvenir à ce point de conviction interne, où la décision peut intervenir pour le pari d'un cadre. On risque de se retrouver dans des situations ambiguës, traînantes. C'est pourquoi je me trouve bien de proposer parfois un cadre temporel provisoire (4, 6 entretiens) qui correspond, sur un mode mineur, à l'idée freudienne initiale du traitement d'essai. L'intérêt de créer cet espace-temps délimité vient de ce que l'échéance d'une décision étant à la fois repoussée et fixée, l'écoute et la parole peuvent trouver un étayage qu'une rencontre ne suffisait pas à réaliser. Bien entendu, le poids de la décision différée peut n'en être que plus délicat à gérer.

Enfin, sur le plan du principe, je suis partisan d'une deuxième rencontre : elle permet d'apprécier la retombée, l'après-coup de la première et de travailler à froid, sur un autre registre de réalité, le problème de la « faisabilité » d'un traitement. L'important est de jouer du temps en fonction de la perplexité qui subsiste et est à considérer comme signifiante si l'entretien a été bien mené.

M. de M. – Tout à fait d'accord. Il y a ceux dont on se rend compte très rapidement que ce sont des « homo-psychanalyticus ».

J.-L. D. – Des « analysants naturels » (comme on parle d'athlètes naturels).

M. de M. – Et il y a l'immense territoire où c'est moins évident. Personnellement, je ne propose pas plusieurs entretiens avant de prendre une décision. Je m'attache au cours d'une rencontre unique à essayer d'évaluer l'épaisseur du fonctionnement du préconscient, pour reprendre une expression de Pierre Marty. Si j'ai une appréciation suffisamment positive, je n'hésite pas à poser une indication d'analyse, car je pense qu'il est moins préjudiciable de proposer à tort une analyse que de la refuser quand elle est justifiée. On a des surprises fantastiques et il est toujours possible d'introduire des variations techniques plus ou moins importantes, éventuellement même de se retrouver en psychothérapie. Donc, je serais tenté d'être relativement généreux en indications d'analyse et les cas, en pratique privée, où je ne la propose pas d'emblée, c'est presque sans y réfléchir, c'est qu'il y a une espèce d'évidence que la personne ne pourra pas travailler dans l'esprit qui me paraît indispensable, c'est-à-dire que le fonctionnement préconscient est insuffisant. Ce sont souvent des cas qui appartiennent à l'ordre psychosomatique.

[…]

J.-L. D. – Pour moi, l'essentiel, c'est la perception de ce qui se passe entre ce fonctionnement et la mise en sens au niveau de l'introjection pulsionnelle, car il y a, en effet, des mises en sens sans modification économico-dynamique. Mais, pour revenir à ta proposition d'une certaine générosité dans les indications, parce qu'il est toujours temps d'introduire par la suite des variations, je dirais que le propre d'une décision d'instauration est qu'à partir d'elle beaucoup de choses se jouent sur une certaine tenue de la durée, que c'est ainsi qu'on voit surgir les bonnes surprises (mais aussi les mauvaises, l'interminable et la désorganisation). Bien sûr, il y a l'équation de l'analyste. Mais il y a une logique de la situation analytique qui suppose de se fier à la dynamique du processus dans le cadre convenu. Il me semble quelque peu paradoxal de refuser l'exploration en face-à-face au profit d'une instauration analytique dont on envisagerait de rapidement changer les paramètres. De plus, quand on passe un patient du divan au fauteuil, la blessure n'est pas négligeable, même maniée par un analyste de ton expérience.

C'est peut-être le moment d'aborder la question des enjeux de la rencontre. Comment les définiriez-vous, ainsi que les modalités techniques qui paraissent le mieux à même d'en assurer la réussite ? Existe-t-il une « rencontre type » comme on parle de « cure type » ?

J.-L. D. – J'aime bien comparer la ligne technique du psychanalyste à la manœuvre marine du « rencontrer » : elle signifie que l'accostage se fait par un mouvement arrondi, qui assume le heurt en arrondissant cependant la trajectoire. Il convient de laisser le patient se « heurter » à la méthode (silence d'écoute, neutralité bienveillante) de telle sorte que se produisent sollicitation pulsionnelle et défenses ; mais, et surtout dans la mesure où le cadre n'est ni explicite ni convenu, qu'il n'y a pas « habilitation » réciproque, prendre en compte un principe d'élasticité (Ferenczi). La difficulté réside en ceci que l'adaptation du psychanalyste aux « exigences » de la dynamique de l'entretien doit revêtir un caractère nécessaire, pour continuer de refléter, autant que faire se peut, les contraintes structurales et la marge de manœuvre du patient. Pour cela, les « ré-ajustements », par rapport à une position analytique stricto sensu de départ, doivent à la fois correspondre à un mini-deuil contre-transférentiel et rester à l'initiative du psychanalyste, qui ne doit pas les subir…

Je donne un exemple banal : au début d'une rencontre, un demandeur s'embarrasse devant la parole libre et demande qu'on lui pose des questions. Il y a trois réponses possibles, entre lesquelles l'analyste doit choisir : ne pas répondre, ce qui peut provoquer la montée d'une angoisse et la modalité de sa résolution ; poser des questions, en fonction d'une saisie intuitive du peu de sens de la situation, voire de la menace d'une interruption ; enfin, « interpréter » a minima (« Vous aimez qu'on vous conduise ? » par exemple) dont l'éventuel effet ouvrant, comme l'échec, s'inscrit dans le processus de rencontre et prend valeur pronostique.

M. de M. – Pour ma part, je dirais que mon premier objectif consiste à mobiliser le pulsionnel du patient et parallèlement, sinon corrélativement, ses projections par la frustration. Le deuxième objectif consiste à repérer dans quelle mesure, à un moment quelconque de l'entretien, vont survenir dans les propos du patient des « représentations lestées » que d'aucuns appelleraient signifiants. La reprise de ces figures donne souvent un tour totalement différent à l'entretien. C'est à ce moment-là que je suis le plus à même d'apprécier le fonctionnement du préconscient. Ceci implique donc une double attitude : une frustration, une discrète relance associative et le repérage d'un signifiant que je relance. Ce sont les principales lignes directrices avec encore à la toute fin de l'entretien, à titre de complément et de façon non systématique, une exploration des activités de représentation par des questions.

J.-L. D. – J'accorde une très grande importance à la manière qu'a le patient d'investir la situation. Lorsqu'il se laisse porter par sa parole vers une destination inconnue, qu'il marque une surprise (« tiens, je ne m'attendais pas à dire ça »), qu'il repère un lapsus, qu'il semble découvrir lui-même la nature de la pensée associative (« tiens, ça me fait penser à… »), il y a une indication irréfutable. Un autre repère est la manière dont se télescopent ou s'engrènent le processus de la rencontre, le mode de surgissement de l'histoire de la demande (« l'histoire de la maladie », en termes médicaux) et l'histoire infantile telle qu'elle se configure à travers l'émergence des figures parentales, familiales. Il est aussi un élément contre-transférentiel sur lequel on n'insistera jamais assez, celui du temps pendant lequel l'analyste a pu mettre complètement en latence ses représentations-buts évaluatives, où il a existé une « immersion » dans une temporalité propre de l'écoute. Cependant, la temporalité de la rencontre trouve sa spécificité dans le conflit avec l'échéance : quand commencent à émerger les questions de ce que j'appelle « l'atterrissage », c'est-à-dire le moment où on se demande ce qu'on va dire « pour conclure ».

Est-ce qu'on peut dire que l'un des enjeux de la rencontre pour le patient serait la prise de conscience du caractère de nouveauté de l'échange en même temps que de son aspect répétitif ?

J.-L. D. – Pour le patient, comme pour le psychanalyste, je crois qu'il est tout à fait essentiel qu'existe le sentiment qu'il y a eu « œuvre » (C. Stein), qu'il y a quelque chose qui s'est construit. [...]

M. de M. – Je dirais que le patient a le sentiment d'avoir vécu quelque chose d'unique et d'exceptionnel qui s'est construit avec lui, un accomplissement. Ce qu'il y a d'embarrassant, c'est que le psychanalyste y est partie prenante, qu'il participe à la construction de l'édifice tandis que bien des choses importantes qui s'y jouent lui échappent. À mon avis, il risque même de participer un peu trop activement à la construction, si tant est qu'on puisse l'éviter pour des raisons qui ont trait à l'identité et aux incertitudes de celle-ci. De même, quelque chose se joue inévitablement aux marges de la séduction, dès lors qu'on offre une telle ouverture de parole à quelqu'un. [...]

J.-L. D. – Pour compléter ce que tu dis, cette participation de l'analyste à la construction, qu'on pourrait aborder sous l'angle de son implication contretransférentielle, suppose que l'évaluation de l'entretien prenne en compte cette implication. Comme on l'a vu, le propre de l'analysant naturel est, d'une certaine façon, que tout en vivant la déception il est capable d'emmener avec lui son transfert pour le retransférer sur un autre. Mais une participation excessive du consultant laisse en lui un sentiment d'abandon et de perplexité qui jouera sur sa capacité à investir une situation thérapeutique avec un analyste « second ». On est là, me semble-t-il, devant une problématique dont c'est l'une des vertus de la pratique du consultant d'y rendre l'analyste plus sensible.

Il y a une tentation naturelle chez le psychanalyste de croire un peu trop qu'il est, en tant qu'objet électif du premier transfert, le mieux à même d'en assurer le destin analysable. L'expérience de consultant vous apprend à ne pas vous sentir indispensable : et c'est une expérience qui vaut pour la ville, quand on est « consultant de soi-même ».

Y a-t-il place, comme on l'entend parfois dire, pour d'authentiques interprétations dans un entretien préliminaire ?

J.-L. D. – Il y a place et même, parfois, nécessité.

M. de M. – À cet égard, j'ai un peu évolué. Je pensais qu'elles devaient avoir un caractère mesuré. Plus j'avance et plus je pense qu'elles ont une place indiscutable et probablement importante. Il y a dans le fait de fournir une interprétation, à condition de ne pas en abuser, une possibilité de dynamiser le processus en cours et de lui assurer un développement satisfaisant.

[...] Le risque serait qu'une méprise s'installe, que le patient ne puisse plus concevoir de se retrouver avec quelqu'un d'autre.

J.-L. D. – On peut dire aussi, a contrario, que l'interprétation détache, délie le présent, en introduisant le tiers, si elle tombe bien. La façon dont un patient entend et utilise une interprétation – une intervention à valeur interprétative – est un élément essentiel de l'évaluation. Il me semble que l'interprétation vient compenser l'ambiguïté créée par la non-explicitation du cadre (règle fondamentale).

M. de M. – Ne crois-tu pas qu'il y a à tenir compte du plaisir et de son destin qui existe, à cette occasion, des deux côtés ?

J.-L. D. – Fondamentalement, une interprétation sépare l'analyste du patient dans la mesure où celui-ci peut repérer à partir de quoi elle lui a été proposée. Donc, c'est une « pièce » du jeu analytique, de son intelligibilité, de son plaisir sublimé.

M. de M. – Il y a une petite divergence entre nous, car je maintiens, même si théoriquement tu as raison, qu'il a lieu de s'interroger sur le plaisir qui peut en découler, pour l'un comme pour l'autre. L'interprétation a aussi des implications narcissiques en agrandissant en quelque sorte l'empire du moi, ce qui peut constituer un point d'appel.

J.-L. D. – Winnicott signifie l'effet de « décollage » d'une interprétation de transfert lorsqu'il dit qu'il donne une interprétation pour montrer au patient les limites de ce qu'il comprend. C'est précisément avec un analysant naturel à qui on pourrait faire de multiples interprétations qu'on n'en donne pas, parce qu'il n'en a pas besoin. Par contre, l'interprétation devient pertinente dans les entretiens où il ne se dégage pas un sentiment de consistance et de cohérence profondes parce qu'elle permet de voir si le patient en reconnaît la nature, si elle fait sens.

Puisqu'on évoque les variations techniques de la rencontre, comment réagissez-vous lorsqu'un malentendu persiste, que le patient ne semble pas investir l'offre de parole et l'écoute interprétative du psychanalyste, qu'à la proposition de ce dernier « parlez-moi » il répond par l'exigence d'un « soignez-moi » ? Y a-t-il lieu d'introduire des variations techniques (lesquelles, comment, jusqu'où sans risquer de modifier la consistance même de la méthode analytique) ?

M. de M. – La première question que je me poserais est la suivante : est-ce que cette présentation que nous offre le patient n'est pas pure résistance, et celui-ci n'attend-il pas que nous ne soyons pas dupes ? Je lui ferais d'abord, d'une certaine manière, crédit. Mais s'il s'avère que le tableau est aussi sombre que celui que vous décrivez, je me demanderai, très perplexe, ce que nous sommes en train de faire ensemble ? Comme je ne suis pas habité par un souci furieux de soigner mon prochain, d'autant plus que je ne suis pas sûr de lui faire du bien si d'aventure j'étais saisi de façon mégalomaniaque par ce désir, je me demanderais que faire pour sortir d'un aussi mauvais pas.

J.-L. D. – Michel de M'Uzan a implicitement approuvé ce que vous avez dit de la consistance de la méthode analytique. Il ne s'est pas placé dans une logique qui serait celle d'une analyse indéfiniment pertinente, extensible, où un analyste parfaitement analysé se trouverait adéquat à n'importe quel patient dès lors qu'il s'adresse à lui. À partir du moment où la pertinence analytique se voit poser des limites, la fonctionnalisation du contre-transfert trouve aussi les siennes et l'on rencontre le problème délicat de la non-indication et de la contreindication. S'il existe un éventail d'ajustements et d'inventions (avec des adolescents ou en psychosomatique, par exemple), il n'en demeure pas moins que la problématique du refus existe, qu'il y a bien un point de bascule dans le renoncement. Dès lors, la question de savoir comment on y accède, comment on le travaille, comment on le signifie ou, au contraire, comment on l'esquive constitue un problème majeur.

M. de M. – Tu relèves quelque chose qui a trait à la position que je défendais tout à l'heure : priver d'une analyse est plus grave que de poser une mauvaise indication. Il ne faut quand même pas croire que je défends le « tout analyse » ! Je considère qu'il existe des indications et des contre-indications, mais leur champ peut s'étendre davantage d'un côté que de l'autre. Par exemple, lorsqu'un patient, qu'on pourrait considérer à la limite comme une contre-indication parce qu'il passe son temps à se plaindre de son entourage sur le mode opératoire sans laisser aucune possibilité d'interprétation, continue à venir très régulièrement et y trouve du plaisir, c'est bien qu'il doit en tirer un bénéfice.

J.-L. D. – Ton exemple illustre bien l'enjeu propre à l'investissement de la situation analytique. Certains patients y sont attachés de manière si statique, si peu spécifique, qu'ils posent le problème d'une sorte « d'assistance » psychanalytique. Pour ma part, je suis un peu revenu de la position qui nous était commune à la SPP, il y a vingt-cinq ans, et selon laquelle puisqu'un patient vient et paie ses séances, c'est qu'il se passe quelque chose. D'abord, parce qu'il est inexact que la frustration du paiement garde toujours une quelconque valeur dynamique. Ensuite, parce que nous ne pouvons pas éviter de penser l'autre versant du phénomène, celui de l'interminabilité. Et il est clair que ce souci se répercute rétroactivement sur la décision d'instauration.

À propos de ce qu'on a appelé l'« indication d'analyste », pensez-vous qu'à côté des contre-indications et des non-indications, il existe toujours une solution ou toujours un analyste pour ce patient-là ?

M. de M. – Abruptement dit, j'ai l'impression que s'il y a indication d'un analyste c'est qu'il n'y a pas d'indication d'analyse.

J.-L. D. – […] On peut parler d'indication d'analyste au sens où, pour tel patient, une compétence particulière de l'analyste serait requise. Pour ma part, je l'emploie dans tous les cas où la rencontre initiale ne débouche pas sur un cadre de travail précis (analyse, psychothérapie, etc.) ; l'indication est alors celle de l'engagement avec un analyste, après cooptation et sans cadre défini. C'est donc de la dynamique des rencontres successives que surgira, à partir du travail analytique, un éventuel cadre adéquat : la pertinence assez large de cette ligne en face de la demande actuelle se paie du risque d'une pure adaptation à la loi de l'offre et de la demande, du nivellement des différents sites envisageables au détriment de la situation analytique, la plus exigeante, mais la plus effective.

Avec la première définition donnée de l'« indication d'analyste », celle d'un analyste élu pour sa compétence, que penser d'un transfert qui ne pourrait se développer qu'avec un analyste déterminé ?

J.-L. D. – Il est vrai qu'il serait paradoxal d'entériner le fantasme d'un demandeur selon lequel il y a un seul analyste qui serait susceptible de devenir le sien. [...] Il est bon de se souvenir que, du point de vue freudien, l'analyse du transfert postule l'analyste « quelconque ». [...]

L'écoute analytique exclut-elle toute référence à la nosographie et à un diagnostic de structure ? Sinon, comment traitez-vous le compromis entre le pôle analytique et le pôle consultant de la rencontre ?

J.-L. D. – Actuellement, personne ne pense plus que l'objet de la rencontre soit d'aboutir à un diagnostic de structure qui lui-même vaudrait comme un indice pronostique suffisant. Lorsque Michel de M'Uzan dit que les états limites sont souvent de meilleures indications que les névroses, il souligne bien que le pronostic et l'indication reposent fondamentalement sur l'évaluation précise des attendus singuliers de la rencontre. Par contre, je crois à l'intérêt théorique et didactique d'une tentative de classement nosographique. Et dans le cadre d'une ressaisie évaluative, je crois aussi à la valeur d'hygiène contre-transférentielle que représente cette tentative de repérage en fonction d'une clinique du typique, donc par rapport à des structures non singulières, alors que la rencontre se déroule, elle, fondamentalement sur le terrain de la singularité, de l'intertransfert. Le détour par la référence nosographique constitue une manière de se distancier, de se situer dans une logique interanalytique, une clinique objectivante, et il mérite d'être préservé.

M. de M. – Effectivement, j'ai l'impression que l'interrogation nosographique incite à approfondir la réflexion sur ce qui se passe, non seulement dans les discussions avec des collègues dans le cadre d'une investigation publique, mais aussi chez soi en tant qu'elle protège d'une certaine facilité à s'orienter de façon impressionniste. À partir du moment où on n'en est pas dupe, l'effort de réflexion nosographique est de bonne hygiène.

Comment réagissez-vous pratiquement au décalage qui peut apparaître entre la «promesse» d'analysabilité issue de la rencontre initiale et les obstacles que le demandeur fait surgir au moment de la mise en œuvre du traitement envisagé?

J.-L. D. – [...]

M. de M. – Ne peut-on penser que ça entre dans le cadre d'une résistance qui, au sens le plus classique du terme, s'exprime dès l'instant où l'angoisse est réveillée par la chose qui se profile?

J.-L. D. – La résistance a toujours été là. Ce dont je parle, c'est d'un type d'étayage entre les résistances individuelles et collectives. Il y a vingt-cinq ans, quand on proposait trois séances, ça ne faisait pas problème parce que la vogue culturelle soutenait l'autorité de la «prescription» analytique qui «emportait» les résistances. Actuellement, ces résistances trouvent à s'étayer, entre autres, sur la crise économique et les difficultés professionnelles. C'est un problème très pratique: comment travailler ça? L'avantage de la position du consultant par rapport à l'analyste en ville, qui n'a d'autre choix que de dire « réfléchissez et je suis à votre disposition », c'est qu'il peut travailler différemment ces résistances dans le dialogue, en assumant de représenter certaines « valeurs » de l'analyse.

M. de M. – Lorsqu'il s'agit d'une indication indiscutable et que le patient met en avant des difficultés à la mise en œuvre concrète du projet, je me demande d'abord dans quelle mesure il ne s'agit pas d'un baroud et si mon inflexibilité ne suffira pas à emporter la décision. À l'opposé, il arrive, pour une raison ou pour une autre, qu'on souhaite malgré tout que le patient puisse faire tout de même quelque chose. Dans ce cas-là, je rabaisse mes exigences sans aller au-delà d'un certain plancher.

Ça nous amène à vous demander quels sont les critères ou indices minimums qui semblent jouer de manière décisive dans votre détermination à proposer une cure stricto sensu, voire une psychothérapie, si l'on ne considère pas cette dernière comme un déversoir de l'analyse ?

M. de M. – Les objectiver serait difficile. Je renverrais à l'intime conviction de l'existence d'un fonctionnement préconscient suffisant, sans me fonder aucunement sur la sémiologie et les arguments nosographiques qui soutiennent simplement la réflexion. Les exigences minimales, qui sont en même temps des exigences maximales, se fondent sur le fonctionnement mental du patient dans le cours de l'entretien. Quant à la psychothérapie, je ne suis pas favorable à une indication par défaut parce que je considère qu'elle est plus difficile à conduire qu'une analyse et qu'elle implique une activité particulière de l'analyste. Je pense qu'idéalement, je serais favorable à la conduite d'une psychothérapie avec un programme, j'entends par là l'espoir d'une psychothérapie courte qui s'en tiendrait à l'élaboration du conflit principal qui a motivé l'indication [...]. Malheureusement, il n'est pas toujours facile de tenir ce cap et l'on se trouve parfois embarqué dans des situations bâtardes qui peuvent s'éterniser.

Il est bien sûr quelque peu provocant de dire qu'on ne doit pas poser une indication de psychothérapie par défaut dans la mesure où, surtout en institution, nous avons une responsabilité de prise en charge. Par ailleurs, j'ai l'impression qu'il y a très peu d'analystes formés à la pratique psychothérapique...

J.-L. D. – Je me sens en accord avec ce que tu dis. D'une part, l'indication d'analyse stricto sensu peut être assez large dès lors que le patient a donné le sentiment qu'il était capable de l'investir intelligiblement ; dès lors aussi que l'analyste a pris en compte son équation personnelle, le point où il en est de ses aptitudes contre-transférentielles ; dès lors, enfin, que la situation analytique contient bien l'engagement d'interpréter ses impasses, et la virtualité de déceler son ombre portée.

En ce qui concerne la psychothérapie : il est incontestable que la possibilité existe de psychothérapies très analytiques, où la dynamique du transfert se rapproche du processus analytique. Le face-à-face ne suffit pas à signaler le renoncement à l'analyse. À l'opposé, il y a ce qu'on peut appeler de l'« assistance psychothérapique », avec des relations qui échappent à la temporalisation et sont des étayages vitaux.

Au centre de l'éventail, et pour éviter que l'indication de psychothérapie soit un dépotoir, je trouve intéressante la pratique de psychothérapies « à durée limitée », où l'on tente de faire vertu de la violence faite au transfert. Le simple fait de modifier cet élément essentiel du cadre analytique ou psychothérapique qu'est l'indéfini de la répétition des séances réorganise assez souvent la logique du travail de manière éclairante (et jusqu'au style de l'interprétation). [...] je suis très sensible à l'ornière des traitements qui s'éternisent [...].

Comment réagissez-vous, après-coup, aux échecs éventuels : non-suites, interruptions précoces, etc. ?

M. de M. – Qu'appelle-t-on un échec ? Le fait qu'un patient ne donne pas suite à une indication d'analyse n'est pas un échec, c'est un effet de sa liberté ! [...] Ce qui me paraît être un échec précoce, c'est celui qui intervient électivement au moment où les premières résistances se mettent en place parallèlement à une stabilisation du transfert. En ce sens je suis très proche de Glover, il y a un moment crucial qu'il ne faut pas rater. Si l'angoisse du patient n'est pas perçue, si l'analyste n'a pas été à même d'intervenir efficacement devant cette conjonction d'une résistance significative et d'un engagement transférentiel auparavant flottant qui se stabilise, il y a échec précoce.

J.-L. D. – [...] Certes, la liberté du patient reste notre référence ultime. Dès lors, cependant, qu'une rencontre a eu lieu qui paraissait déboucher sur une suite, un projet, il est difficile de récuser entièrement le terme d'échec : nous ne pouvons pas ne pas nous interroger sur ce qui s'est passé, sur son caractère évitable ou nécessaire, etc. Il vaut donc la peine de distinguer la réussite « évaluative » de la rencontre, compatible avec une non-suite, et la réussite « introductive » par laquelle le désir de poursuivre l'emporte sur la résistance.

Il y a un point auquel Piera Aulagnier accordait une grande importance : la possibilité qu'un patient, par ailleurs demandeur et adéquat, donne le sentiment qu'il mettra la situation thérapeutique au service de la destructivité. Elle semblait estimer que l'intuition contre-transférentielle devait jouer là un rôle décisif.

M. de M. – Ça soulève une position quasiment doctrinale sur les rapports entre Éros et destructivité. Certes, il est difficile de poser une indication dans les cas dont tu viens de parler, mais je les définirais autrement, je dirais que nous réalisons alors que la haine est la seule voie dont dispose l'amour pour s'exprimer. Ce n'est pas tout à fait la même chose.

J.-L. D. – La haine c'est déjà du côté de la projection ; je parle de formes particulièrement torpides de masochisme, de narcissisme négatif (A. Green) [...].

Pour en revenir à la question de « l'échec », elle se trouve particulièrement actualisée au Centre lorsque, après inscription sur la liste d'attente, rien ne se passe comme prévu : le patient ne répond pas quand on lui fait signe, répond qu'il a changé d'idée, etc. C'est donc par rapport à notre exigence de prévision qu'il y a échec, erreur et exigence d'évaluation rétrospective. De même, si l'instauration prévue se révèle inadéquate, voire calamiteuse.

Là où tu as pleinement raison, c'est à propos de la rencontre restée unique, d'un commun accord (la porte laissée ouverte, d'ordinaire). Si la rencontre est bien une tentative d'action analytique et si comme nous le savons bien, une seule consultation peut être thérapeutique (cf. Winnicott), il n'y a pas de raison d'assimiler à un échec, à un « refus » (d'où qu'il vienne) la rencontre sans lendemain. La rencontre restée unique pourrait être considérée, à certains égards, comme réalisant la forme optimale de traitement analytique, pour tel patient, à un moment donné de sa vie : elle témoignerait de l'unité invisible et surtout inappréciable de l'acceptation et du refus de la psychanalyse.

M. de M. – Tout à fait d'accord.

[...]

La rencontre analytique, proposition d'un parcours[1]

Jean-Louis BALDACCI
Christine BOUCHARD

LE DILEMME : INVESTIGATION ET TRANSFERT

En ce qui concerne la rencontre analytique, Freud propose d'éviter de répéter les entretiens préliminaires qui viendraient contrarier la naissance du transfert : « Au moment où le patient commence son analyse, le transfert est déjà établi et le médecin se voit alors contraint de le démasquer lentement au lieu d'être en mesure de le voir naître et croître sous ses yeux, à partir du début du traitement » (Freud, 1953, p. 83). Le traitement d'essai pourrait alors s'envisager mais son échec viendrait confronter patient et analyste au problème de l'interruption et à la déception potentiellement iatrogène qui s'y lie. Entre ces deux pôles, il apparaît donc opportun de développer une technique d'évaluation suffisamment brève. Mais le problème se pose sur un mode aporétique puisqu'il conviendrait de mesurer une aptitude au transfert dont il faudrait simultanément limiter l'émergence… Quelles références théoriques et quelles règles techniques dès lors utiliser ? Ces questions

1. Article paru dans la *Rfp*, t. LXII, n° 1, 1998.

rencontrent ici le problème de la nature du savoir analytique et de sa transmission. Freud, avec une extrême prudence, nous met en garde contre le risque d'une fétichisation du savoir et de la sortie illusoire qu'elle fournirait au dilemme posé. Il souligne l'importance en la matière de l'échange direct interanalytique. Voici ce qu'il écrit à son élève Blanton (Freud, 1981) : « Je ne crois pas que l'on puisse inculquer les principes de la technique par des écrits, cela ne peut se faire que par enseignement direct. Évidemment, les débutants ont sans doute besoin d'un minimum pour commencer, autrement ils n'auraient rien sur quoi tabler pour aller de l'avant, mais s'ils suivent trop consciencieusement les directives, ils ne tarderont pas à rencontrer des difficultés, aussi doivent-ils surtout apprendre à développer leur technique personnelle. »

Dans un article de 1954, « Indications et contre-indications de la psychanalyse », S. Lebovici et S. Nacht tirent le problème du côté de l'évaluation et de la possibilité de prescription d'une analyse parmi d'autres stratégies thérapeutiques. L'analysabilité se lie à l'établissement d'un diagnostic et d'un pronostic selon un modèle classiquement médical. Le diagnostic se réfère à l'évaluation de la structure qui devrait permettre d'apprécier comment le Moi est modifiable par l'interprétation du transfert et la disparition des résistances. Le pronostic envisage la question de la représentation a priori des critères de fin de traitement qui permettraient de vérifier après-coup le degré de pertinence de l'évaluation primordiale. Deux types de références apparaissent dès lors convoqués, celui d'une nosographie psychanalytique qui adopte une perspective structurale et celui des critères de fin de traitement. Cette double référence, celle de la structure et celle de l'histoire du traitement à venir, fonderait une clinique psychanalytique. La rencontre apparaît alors comme l'établissement d'un projet, d'une prédiction en référence à un standard. Cette dimension historicisante de la prédiction se retrouve dans la clinique proposée, avec la large place faite à l'histoire, la biographie et l'étude de la personnalité. Même si elle paraît en partie contredire la dialectisation de l'universel et du singulier, elle annonce peut-être la conception selon laquelle l'histoire de la rencontre représente, de manière condensée, la rencontre du projet et du passé et révèle, dans une clinique spécifique, les germes d'une décondensation possible.

Mais le modèle médical avec sa nette différenciation du diagnostic, du pronostic et du traitement n'est pas aussi simplement exportable, car l'évaluation diagnostique porte ici sur l'adaptabilité à la méthode thérapeutique proposée ; le diagnostic rejoint le pronostic et le traitement, dans une sorte de condensation spécifique dont la résultante est le projet. Leur différenciation apparaît donc délicate, voire impossible.

Comment s'en étonner si nous nous reportons à la définition freudienne de 1922 de la psychanalyse (Freud, 1922) qui distingue trois niveaux :

- un procédé d'investigation des processus mentaux ;
- une méthode thérapeutique fondée sur cette investigation ;
- une série de conceptions psychologiques formant progressivement une nouvelle discipline scientifique, c'est-à-dire un savoir à la fois constitué et en voie de constitution.

Ce qui apparaît donc spécifique, c'est bien le lien indissociable entre ces trois niveaux, qui fait qu'à la différence de la démarche médicale, investiguer c'est déjà traiter en fonction d'un savoir en mouvement. C'est là que la rencontre se différencie de la consultation et de l'entretien préliminaire pour apparaître comme une pratique qui tente de maintenir l'hétérogénéité et l'imbrication de ces trois niveaux et des logiques auxquelles ils renvoient.

Le texte de S. Lebovici et S. Nacht semble privilégier le premier niveau de la définition (investigation). Il cherche en effet à se dégager de l'aspect thérapeutique (ou iatrogène) de la rencontre en développant le troisième terme de la définition, c'est-à-dire le savoir envisagé sous l'angle d'une clinique psychanalytique spécifique prenant en compte la personnalité et la force du Moi. Dans la discussion qui suit l'article, R. Held compare cet aspect de la consultation aux tests projectifs et à l'effraction qu'ils représentent par l'anticipation objectivante qui court-circuite le deuxième versant de la consultation, à savoir celui de l'axe transfert/contre-transfert. Il évoque alors la nécessité du subjectif, de l'intuition, du « déclic » qui seul emporterait la conviction de l'indication ou tout du moins du traitement d'essai. Sa critique, on le voit, revient alors à privilégier le pôle thérapeutique au détriment du pôle évaluatif. Confrontés à ce conflit, S. Lebovici et S. Nacht évoquent l'intérêt de la dichotomie des fonctions consultantes (médicalisées) et thérapeutiques (psychanalytiques à proprement parler). Nous les citons : « Il est possible que cette deuxième situation soit plus favorable à l'évolution de l'analyse et à l'établissement du transfert. » C'est là une façon d'aborder implicitement le problème de la référence tierce dans la rencontre comme condition de la naissance du transfert.

Ce rapport conflictuel évaluation/traitement (instauration du transfert) est au cœur du problème de la rencontre psychanalytique, de son enjeu inaugural. À cette étape de la recherche, les différents travaux vont en général, malgré leurs efforts, privilégier l'un ou l'autre des termes de ce rapport.

Conrad Stein, par exemple, en 1971 dans son texte intitulé « La double rencontre » essaie de préserver une double référence qui devrait permettre à chacun des protagonistes d'être à la fois pour l'autre, objet incestueux et tiers séparateur. Mais cette ambiguïté reste exclusivement intersubjective et son abandon, faisant disparaître l'illusion, risquerait d'entraîner une sorte de réification paranoïaque ou de séduction agie. Comment par ailleurs se faire une idée sur la tolérance possible de cette ambiguïté ?

Nicole Berry en 1974, dans un article de la *Nouvelle Revue de psychanalyse*, « Entrer en analyse », poursuit dans la même direction. Pour elle, l'instauration d'un processus psychanalytique impose une relation exclusivement duelle et le premier entretien apparaît bien comme homogène et intégré au mouvement de la cure. L'histoire de chaque cure – en analogie avec l'histoire de la psychanalyse (de la théorie de la séduction à celle du fantasme) – consisterait en un mouvement du dehors au-dedans (des événements aux fantasmes) ; toute référence à une troisième personne en est a priori exclue, car susceptible de donner lieu à une réification entravant à ce titre les possibilités de jeu entre le mouvement régressif du rêve et le mouvement progrédient du deuil caractérisant le processus analytique. Ainsi, dans l'expérience du transfert et de son interprétation, pourraient se réarticuler les couples investissement/désinvestissement et identification/désidentification.

Dans ces perspectives, il s'agit de patients pour lesquels l'indication d'analyse n'est aucunement problématique puisqu'ils sont en mesure de tolérer et de mettre à profit l'ambiguïté nécessaire à l'instauration du transfert. En d'autres termes, cette non-prise en compte du problème de la contre-indication considère en quelque sorte le problème comme résolu, ce qui renvoie implicitement à l'usage du traitement d'essai évoqué par Freud dans les « Écrits techniques ».

LA QUESTION DU TIERS

En 1973, dans *L'enfant de Ça*, André Green et Jean-Luc Donnet, en décrivant une pratique de consultation et en la différenciant de l'entretien préliminaire, retrouvent la conflictualité freudienne de la définition de la psychanalyse. Dans le chapitre intitulé « Une consultation psychanalytique », ils mettent en évidence l'intrication fondamentale des trois pôles de la définition (évaluation/traitement/savoir) au cours d'une consultation psychanalytique publique en milieu psychiatrique. Les trois termes ont leur importance. Psychiatrie/psychanalyse/public viennent en effet redoubler les trois pôles évaluation/traitement/savoir de la définition et peuvent servir ainsi de modèle à la réflexion sur la rencontre psychanalytique : l'aspect thérapeutique est présent dans l'émergence et le devenir conscient des processus inconscients mis à jour lors de l'investigation ; l'investigation elle-même ne peut être conçue comme pure observation pour un savoir, mais s'inclut dans un projet de transformation par la mise en œuvre d'un processus et repose sur un entretien « analogon » de la séance. Dans le cadre particulier qu'ils décrivent, l'analyste peut apparaître comme un « superconsultant » apportant des éléments supplémentaires à l'évaluation diagnostique, le psychiatre restant alors le garant du traitement ; l'analyste peut aussi représenter le pôle de la cure, le psychiatre venant alors incarner la référence à l'évaluation diagnostique. Cette réversibilité objective des fonctions, qui s'oppose à toute réification figée, a pour condition la référence à un troisième terme, celui de la rencontre des savoirs, dont les enjeux topiques, économiques et dynamiques se trouvent incarnés par le public : le troisième terme n'est donc pas le patient, mais l'assistance dont l'anonymat virtualise une référence tierce et garantit une objectivation qui se distingue d'une réification par la réversibilité des fonctions qu'elle permet. L'avis du consultant est discuté, son pouvoir est limité par l'assistance et il n'y a pas d'indication, ou de contre-indication émanant d'un processus dont il ne pourrait rendre compte. L'écoute et les affects contre-transférentiels s'articulent à la nosographie, au savoir institué, et à la discussion avec l'assistance. Cette situation triangulaire, qui confirme la possibilité de l'erreur, donne la possibilité par le jeu complexe des identifications/désidentifications, investissements/désinvestissements, propre à chacun, d'être face au patient tour à tour maître, soignant, élève ou encore père, mère, enfant, et de proposer les conditions de représentation de la scène primitive.

L'intérêt de ce modèle est de mettre l'accent sur l'importance de cette triple référence, référence triangulaire qui renvoie à la conflictualité œdipienne et caractérise d'emblée la spécificité psychanalytique. Mais sa limite bien sûr est qu'il s'adresse à des patients dont les carences symboliques rendent nécessaire cette objectivation de la triangulation qui, dans les autres cas, peut et doit rester une référence intersubjective, c'est-à-dire se limiter à la relation duelle.

En 1975, F. Pasche nous montrait que même lorsque la rencontre est exclusivement duelle, elle impose implicitement la référence à deux temps distincts qui correspondent en pratique au temps du face-à-face et au temps du divan. Il y voit un temps de présence/séduction et un temps d'effacement/castration, s'accompagnant d'un double mouvement marqué par la perception de la réalité de l'analyste et son déni nécessaire. Deux temps séparés par un acte en quelque sorte fondateur : la reconnaissance de la recevabilité de la demande et de la possibilité d'un refus cadre la rencontre et constitue, en tant que telle, une triangulation.

Cette question du tiers, envisagée sous l'angle de son objectivation ou d'une référence virtuelle, liée à la différenciation de deux temps instaurée par un acte, avait déjà été évoquée dans l'introduction de P. Marty à *L'investigation psychosomatique* (Marty, David, de M'Uzan, 1963). Bien que dans un cadre et avec des patients différents, son développement recoupe sur certains points celui de *L'enfant de ça*. Nous y avons retrouvé quatre temps forts :

1.– Tout d'abord investigation et transfert ne sont pas opposés mais articulés : l'investigation, même en s'appliquant à un objet hors champ (psychosomatique), est psychanalytique et sa spécificité est d'utiliser le transfert. Elle suscite donc son émergence selon un principe qui dérive de la règle fondamentale. Mais il s'agit d'une règle fondamentale adaptée qui tient compte du face-à-face et de la sensorimotricité du patient et ne néglige pas de possibles interventions de relance. Pour qualifier l'orientation de l'entretien, P. Marty utilise le terme « d'anamnèse associative » emprunté à F. Deutsch (1939).

2.– Cette articulation de l'investigation et du transfert donne à la consultation son caractère thérapeutique. C'est parce que la situation est déconcertante et traumatique qu'elle permet l'émergence d'éléments indispensables à la compréhension du patient. Le noyau de l'investigation portera sur la nature des relations d'objet, faisant du processus de la consultation le fondement de l'évaluation. Le consultant est pris dans un dilemme puisqu'il se voit alors osciller entre une identification régressive au patient, Marty parle alors de risque d'absorption, et la distance requise par l'investigation. Il lui faudra donc parfois utiliser le dégagement interprétatif.

3.– Ici apparaît alors un nouveau risque, celui de l'engagement prématuré dans un traitement analytique alors que la consultation n'a pas encore dit son mot. Problème d'autant plus difficile que la consultation s'applique à « un objet » hors champ de la psychanalyse classique, hors champ d'un savoir constitué et dont l'investigation nécessiterait des références conceptuelles qui sont précisément à constituer. Trois éléments techniques doivent prévenir ce risque : l'existence d'un public, l'implication de ce public[1] et l'information préalable du patient sur ces modalités.

1. La consultation se déroule en deux temps : la consultation proprement dite puis la discussion avec l'assistance en l'absence du patient, son retour s'accompagnant de la formulation de l'indication et de l'adresse éventuelle vers l'un des assistants.

4.– Cette implication du public objective la carence du savoir analytique à laquelle correspond la carence symbolique du patient concerné. Alors que J.-L. Donnet et A. Green parlaient de « psychose blanche », Marty, lui, parle de « relation blanche » pour bien qualifier ce hors-champ du savoir, homologue au vide du patient, ou plutôt cette carence de la théorie à s'articuler à une pratique effective. Dès lors le rituel groupal, témoin de la réversibilité identificatoire et preuve du renoncement à l'omnipotence, vient compenser la double carence, symbolique du côté du patient, et de la défaillance du savoir du côté des analystes.

Cette mise en travail de l'opposition évaluation/traitement se nourrit donc, durant cette période, de réflexions sur le tiers, comme troisième terme susceptible d'autoriser le dégagement d'une impasse. Comme on l'a vu, les auteurs choisissent des situations où l'objectivation requise d'un tiers permet d'en mesurer la nécessité.

En 1981, E. Kestemberg complexifie cette recherche dans un article intitulé « Le personnage tiers, sa nature, sa fonction ». Pour elle, ce n'est pas la « psychose blanche » ni la « relation blanche », mais la « psychose froide » qui lui permettra d'étayer son propos. Elle montre en effet l'intérêt dans ce cas particulier de la dichotomie consultant/analyste qui permet en quelque sorte au patient de compenser sa carence symbolique par le recours fétichique au consultant, support d'un investissement prétransférentiel, garant de la continuité narcissique du sujet en fonction du pouvoir magique qui lui est conféré, et intermédiaire entre le patient et le thérapeute. En d'autres termes, la fonction tierce proposée est utilisée sur un mode fétichique par le patient. On pourrait dire, en reprenant Winnicott, que l'objet trouvé n'est pas perdu, car le recours fétichique permet de faire jouer l'illusion du trouvé/créé. L'un des analystes doit donc accepter un temps de se laisser utiliser comme omniscient et omnipotent.

Implication du public et dichotomie consultant/thérapeute font saisir la complexité des mouvements identificatoires à l'œuvre dans la rencontre puisqu'elle permet aux analystes, quelle que soit leur place, de s'identifier et de se désidentifier tour à tour au consultant, au futur analyste et au patient. Il ne s'agit pas d'une quelconque réification, car aucun des protagonistes en présence n'est assigné à une fonction fixe, en rapport avec un savoir donné une fois pour toutes. La fonction tierce reste virtuelle et se dégage grâce à la réversibilité identificatoire que le cadre permet. Elle correspond à une mise en crise possible du savoir, comme en témoigne la nécessité de la rencontre interanalytique allant de la simple discussion à la réunion dite « de synthèse ».

L'objectivation et la réversibilité identificatoire qu'elle entraîne nous permettent de mieux cerner cette fonction tierce indispensable au processus et qui correspond à l'ambiguïté du rapport savoir/ignorance : nous pouvons penser que, lorsque cette objectivation n'est pas nécessaire et qu'une rencontre exclusivement duelle est possible, c'est que se reconnaît simultanément de part et d'autre une référence au savoir comme tradition susceptible d'être mise en question[1]. Ainsi pourraient jouer le fameux « supposé savoir », et toute l'ambiguïté qui s'y attache. Car il traduit que l'analyste, malgré l'asymétrie de la situation, n'est pas un fétiche incarné mais permet de faire jouer l'illusion nécessaire à la symbolisation et à la subjectivation.

Au terme donc de cette recherche sur le tiers, la rencontre apparaît comme la possibilité d'évaluer la fonctionnalité de la référence tierce et la qualité des identifications qu'elle

1. Pour des patients névrosés en consultation en cabinet privé, nous pouvons penser que l'incontournable référence à la discussion réelle ou imaginaire avec des collègues constitue un équivalent.

autorise. Le degré d'objectivation et le recours plus ou moins nécessaire aux échanges interanalytiques ainsi que la possibilité de la mise en jeu de ces deux paramètres permettraient de poser l'indication – indication « type » ou ajustée – ou la contre-indication.

LE BUT DU TRAITEMENT ET L'ÉVENTUALITÉ DU REFUS

Ces recherches conduisent à privilégier la référence au surmoi et à la seconde topique : les réflexions s'infléchissent et la référence à une nosographie psychanalytique – même implicite – passe au second plan. Progressivement, il est tenu plus compte de la bipulsionnalité et du souci d'évaluer les effets éventuels de forces létales et de l'aptitude du sujet à s'y opposer en tolérant la conflictualité de sa sexualité. Caractère, masochisme moral, hypocondrie, somatoses d'un côté, désir, motivation, souffrance plus ou moins érotisée de l'autre sont pris en compte.

Chacun s'accorde alors à souligner la gravité de l'engagement dans un traitement analytique, sa dimension éthique. Réaction thérapeutique négative, analyse infinie, catastrophe existentielle viennent hanter le consultant.

Ainsi, en 1984, P. Aulagnier nous proposait un très beau texte intitulé « Entretiens préliminaires et mouvements d'ouverture » qui traduit assez bien l'état des préoccupations du moment à propos de la rencontre analytique et de l'indication. Tout d'abord elle propose un dépassement des références nosographiques classiques, et particulièrement de la démarcation névroses/psychoses. Pour elle, la question de l'indication ou de la non-indication ne recoupe pas cette différenciation qui renvoie seulement à la nécessité de mouvements d'ouverture différents. En effet, la détermination de l'analysabilité prend en compte, outre le conflit inconscient et la souffrance, les buts du traitement analytique qui sont référés au rapport pulsion de vie/pulsion de mort. « Mon but ou mon espoir, écrit-elle, sont que le sujet, son parcours analytique terminé, puisse mettre les acquis de l'expérience vécue au service des buts choisis toujours en fonction de la singularité de sa problématique, de son alchimie psychique, de son histoire, bien sûr, mais de buts qui, si différents qu'ils soient des miens, sont conformes à la même finalité, renforcer l'action d'Éros aux dépens de celle de Thanatos » (p. 177). Elle se pose donc inauguralement le problème de l'usage que le sujet pourra faire de son analyse. Car le renoncement/désinvestissement qu'engendrera nécessairement l'analyse libérera pour un temps la pulsion de mort. Que pourront alors en faire le patient et l'analyste ? « Non seulement, écrit-elle, on ne pourra l'éviter, mais il faut que Thanatos trouve, dans le sein de l'expérience, quelques cibles qui l'obligent à se démasquer pour que l'analyse de ses mouvements pulsionnels rende possible un travail de réintrication. » Il s'agit donc de pouvoir enfermer la mort dans des réalisations symboliques, mais aussi dans des relations humaines et vivantes. Mais cela n'est pas toujours possible (désintrication) et la présence de ce risque du travail de la pulsion de mort prend alors valeur pour elle de contre-indication, même si la référence nosographique allait dans le sens d'une indication d'analyse.

Mais comment évaluer ce risque ? Car la question du tiers – de sa réification à sa virtualité en passant par son objectivation – a montré qu'elle renvoyait en fait à des questions de cadres : cadre type, aménagé, voire double cadre (en institution). Or il est des cas où la tolérance du cadre le plus orthodoxe permet paradoxalement le développement des forces les plus mortifères, c'est-à-dire où l'acceptation des conditions culturelles de la triangulation se fait au prix le plus fort : la destruction, la déliaison, la mort.

TRANSFERTS ET IDENTIFICATIONS

Classiquement, il est fait référence à l'analyse de la demande ou, pour les auteurs anglo-saxons, à celle de la motivation. Ainsi par exemple, lors d'un colloque à Montréal en 1993 consacré au premier entretien, R. Dufresne tentait de proposer une clinique de la motivation. Elle se mesurerait par le rapport entre les représentations de soi et les représentations de l'autre. Du côté des représentations de soi, il prend en compte le désir de changement, la sévérité du Surmoi susceptible d'entraver une éventuelle amélioration, enfin la propre théorie explicative du sujet, plutôt projective ou plutôt introspective. Pour les représentations de l'autre, il repère la manière dont il est évoqué, sévère, narcissique, tout-puissant et surtout la façon avec laquelle le patient parvient – ou ne parvient pas – à exprimer son attente thérapeutique du fait du caractère narcissiquement intolérable d'un refus potentiel, nous ajouterions : ou d'un accord.

Mais le problème est plus complexe. P. Aulagnier, en effet, dans un travail de 1970 intitulé « Demande et Identification » – qui sera d'ailleurs largement repris par les participants du colloque de Montréal déjà cité – montre à travers la dialectisation de l'offre et de la demande, qu'en « demandant » le patient s'offre, et confirme l'analyste aussi en position de demandeur. Ainsi, la demande du patient démasque celle de l'analyste, son désir, son transfert selon Lagache, ou l'antériorité de son contre-transfert, selon Neyraut (Neyraut, 1980). La rencontre se fait donc sur une mise en commun possible, une coïncidence de désirs, une élection mutuelle. Et puisqu'il s'agit d'analyse et de parole, le désinvestissement qu'elle impose, le renoncement qu'elle confirme, font, de cette mise en commun de la rencontre, une rencontre identificatoire. La demande se lie à l'identification. Ce qui est abandonné dans la demande, par la reconnaissance d'une altérité nécessaire, se compense en partie dans le registre identificatoire par une rencontre du croisement, de l'échange d'une communauté, d'une parenté, et son reste pourra se déposer dans l'investissement du site analytique.

Mais cette réciprocité identificatoire et cette mutualité des désirs sont-elles symétriques ? Du côté du patient, c'est la conflictualité inconsciente de son histoire œdipienne qui se trouve réactivée. Du côté de l'analyste, c'est son rapport au savoir et à la mise en sens que sa propre analyse a instaurée qui est en question. Mais dans la rencontre, grâce à cet(te) inconnu(e), tout vacille, et, comme une première fois, le savoir et la tradition s'incarnent, ils deviennent chacun analyste de l'analyste, maître, père ou mère, quelque chose qui dépasse tout cela et que Freud a nommé « père de la préhistoire », et avec lequel on s'identifie, animé à nouveau du projet incestueux. La relation est ici symétrique, la séduction mutuelle et, dans ses potentialités régressives, peut parfois aller au-delà du principe de plaisir et évoquer « la communauté du déni » qu'évoque M. Fain dans *Le désir de l'interprète* (1982). Mais arrimé à son analyste et à son projet, l'analyste a les moyens du dégagement qui va lui permettre d'instaurer le processus analytique et sa dissymétrie. La rencontre analytique apparaît alors comme une relation symétrique en attente d'une dissymétrie annoncée, d'un refus programmé. Cette ambiguïté qui la fonde est de nature hystérique et relève d'une identification hystérique mutuelle.

Mais il est de nombreux cas où cette réciprocité identificatoire ne fonctionne pas. Qu'en est-il alors de l'identification ? Elle oscille entre le maintien de l'investissement, le refus de lâcher l'objet, et une idéalisation forcenée qui remet exclusivement au lendemain les possibilités de réalisation : « Quand je serai grand, analyste par exemple, je me lancerai, en attendant je tiens ce que j'ai et n'ai besoin de personne d'autre. »

Mais la dépendance qu'impose cet ajournement du projet identificatoire est souvent refusée, car incompatible avec les exigences du narcissisme. Demande d'aide paradoxale et masochisme moral enferment l'analyste, lui donnent le sentiment de capture, d'impasse et d'obligation de trouver une réponse impossible. La rencontre peut tourner au duel, entraînant les protagonistes dans une régression sadomasochique qui est en fait un compromis tolérable entre les exigences du narcissisme et de la sexualité et qui fait reconnaître les particularités de l'identification projective. Il se peut aussi que le patient montre « patte blanche » – encore du blanc – et accepte de se prêter à tous les simulacres de l'analyse pour préserver un lien, un « bouche-trou », un fétiche. On reconnaîtra alors les variantes non abouties du processus identificatoire, mimétiques, narcissiques et projectives et qui renvoient à un trouble premier, un trouble de la première rencontre, celle, antérieure à toutes les autres, qui a inscrit la trace d'un antagonisme fondamental entre l'investissement par le premier objet et la possibilité de s'y identifier pour désirer ailleurs. Un trouble d'autant plus important à prendre en compte que les forces de vie devront être suffisamment puissantes pour en compenser les effets mortifères. Que peut alors répondre l'analyste ?

L'ACTE DE LA RÉPONSE

Lorsque la communauté identificatoire marque la rencontre, le passage sur le divan – comme un renoncement – en permettra le dégagement. Passage, acte de passage, et non passage à l'acte, acte instaurateur qui exprime le renoncement à l'acte, selon J.-L. Donnet (1996), et commémore – à travers la régression hallucinatoire induite, la mise en mots exigée et l'expérience du transfert – le pouvoir séparateur et unificateur de la parole à l'origine de la famille humaine. À l'autre pôle, lorsque la dynamique identificatoire est dégradée au point de n'exprimer que le refus de tout renoncement, il peut y avoir refus ou tout du moins refus d'une analyse. Mais cela ne veut pas dire exclusion ou bannissement, car lorsqu'un autre cadre vient assurer l'aide et l'investissement requis, le patient peut rencontrer un psychanalyste sans être menacé par les paradoxes narcissiques de sa demande. Ici la distinction proposée par A. Green entre psychanalyse et travail de psychanalyste prend tout son sens. Entre ces pôles, tous les ajustements sont recherchés, allant de l'interprétation des difficultés propres au passage[1], à la prescription du face-à-face qui se limiterait à l'écoute et à l'élaboration possible d'une séparation, en passant par le face-à-face comme passage différé au divan. Dans ces dernières occurrences, il s'agit peut-être de retrouver avec le sujet les conditions qui ont pu l'écarter du pari de la culture et lui permettre de regagner une confiance suffisante.

Inceste… meurtre…, « au commencement était l'action », nous dit Freud. Comme nous l'avons vu, toutes les réponses possibles se réfèrent à l'acte et à son renoncement, comme réveil d'une origine commune. C'est probablement ce vertige des commencements qui se vit lorsqu'on demande simplement à quelqu'un de parler de lui et qui fait dire à Winnicott (1971, p. 7), s'étonnant de la confiance que lui témoignent les enfants lors du premier entretien comme de la profondeur de ce qui s'y engage : « J'ai été amené à employer le terme de “sacré”. »

---

1. Passage de l'investissement à l'identification, de l'agrippement à la séparation, de la demande d'aide à la demande de sens, du fauteuil au divan.

RÉFÉRENCES BIBLIOGRAPHIQUES

Aulagnier P. (1970), Demande et identification, *Un interprète en quête de sens*, Paris, Ramsay.

Aulagnier P. (1984), Les entretiens préliminaires et les mouvements d'ouverture, *L'apprenti historien et le maître sorcier*, Paris, Puf.

Bataille L. (1985), D'une pratique, *Études freudiennes*, n° 25.

Berry N. (1974), Entrer en analyse, *Nouvelle Revue de Psychanalyse*, n° 9.

David C. (1984), Un rien qui bouge et tout est changé, à propos de la rencontre, *Nouvelle Revue de Psychanalyse*, n° 30.

Deutsch F. (1939), L'anamnèse associative, *The Psychoanalytic quarterly*, INC.

Donnet J.-L. (1995), *Le divan bien tempéré*, Paris, Puf.

Donnet J.-L. (1996), Analyse avec début, analyse sans début, séminaire de perfectionnement.

Donnet J.-L., Green A. (1971), *L'enfant de Ça*, Paris, Minuit.

Etchegoyen H. (1991), *The fundamentals of psychoanalytic technique*, Londres, Karnac.

Fain M. (1982), *Le désir de l'interprète*, Paris, Aubier-Montaigne.

Fedida P. (1995), *Le site de l'étranger*, Paris, Puf.

Freud S. (1913c/2005), Le début du traitement, *La technique psychanalytique*, Paris, Puf, 1953, *OCF.P*, XII, Paris, Puf.

Freud S. (1922), *Encyclopédie Britannica.*

Freud S., Lettre à Blanton, citée par A. de Mijolla (1981), 23e séminaire de perfectionnement.

Gillieron E. (1996), *Le premier entretien en psychothérapie*, Paris, Dunod.

Glover E. (1958), *Technique de la psychanalyse*, Paris, Puf.

Green A. (1990), L'analyste, la symbolisation et l'absence, *La folie privée*, Paris, Gallimard.

Greenson R. (1977), *Technique et pratique analytique*, Paris, Puf.

Hollande C. (1983), Quelques remarques sur les repères structurels et l'évaluation de la demande au cours des entretiens préliminaires, *Bulletin de la SPP*, n° 4.

Kestemberg E. (1981), Le personnage tiers, *Cahiers du centre de Psychanalyse et de Psychothérapie.*

Klauber J. (1971), *La rencontre analytique*, Paris, Puf.
Lacan J. (1966), La direction de la cure et les principes en son pouvoir, *Écrits*, Paris, Seuil.
Marty P., David C., M'Uzan M. de (1963), *L'investigation psycho-somatique*, Paris, Puf.
M'Uzan M. de (1994), *La bouche de l'inconscient*, Paris, Gallimard.
Nacht S., Lebovici S. (1955), Indications et contre-indications de la psychanalyse, *Revue française de psychanalyse*, t. XIX, n°s 1-2.
Neyraut M. (1980), *Le transfert*, Paris, Puf.
Pasche F. (1975) Perception et déni dans la relation analytique, *Revue française de psychanalyse*, t. XXXIX, n° 4.
Séchaud E. (1989) [28], Entrevues, *Nouvelle Revue de Psychanalyse*, n° 39.
Stein C. (1971), La double rencontre, *L'enfant imaginaire*, Paris, Denoël.
Valabrega P. (1979), L'analyse quatrième, *La formation du psychanalyste*, Paris, Belfond.
Viderman S. (1970), *La construction de l'espace analytique*, Paris, Gallimard.
Winnicott D. W. (1983), Les visées de la psychanalyse, *Processus de maturation chez l'enfant*, Paris, Payot.
Winnicott D. W. (1971), *La consultation thérapeutique et l'enfant*, Paris, Gallimard.
Colloque de Deauville (1975), Examen clinique préliminaire et prévisions concernant la cure éventuelle, *Revue française de psychanalyse*, t. XXXIV, n° 4.
Colloque de Montréal (1993/1994), Le premier entretien et l'écoute analytique, Communications de J.-L. Donnet, R. Dufresne, I. Lasvergnas, W. Reid, B. Tanguay, Éditions du Méridien.
Séminaire de perfectionnement (1981/1996), Entretiens préliminaires et cure type Séminaire de perfectionnement, Les débuts finis et indéfinis de la cure.

Les après-coups de la rencontre[1]

Quand, aux réunions du CCTP[2], un analyste expose une situation analytique, vient un moment où, dégagé de ses notes, et après avoir écouté les propos des collègues suscités par sa présentation, il est amené à énoncer une parole risquée, imprévue, véritablement associative. Celle-ci, émergeant de la pluralité des mouvements identificatoires lors des échanges qui viennent d'avoir lieu, permet, par un effet de triangulation, le décollement d'une problématique jusque-là refermée sur elle-même, s'opposant au déplacement psychique.

Cette issue traduit l'élaboration fructueuse de l'impasse contre-transférentielle alors rencontrée.

Quel pourrait être l'équivalent de ce moment fécond, permis par la confrontation à la diversité des points de vue, pour le consultant du CCTP, qui, au terme des premières rencontres, tente de ressaisir ce qui vient de se passer avec un patient et rédige son observation ?

Il s'agit de témoigner du processus consultatif et de statuer sur trois points : y a-t-il lieu de proposer un travail analytique[3],

---

1. Communication au 3e colloque du Pôle psychanalytique le 16 septembre 2023.

2. Centre de consultations et de traitements psychanalytiques.

3. Voir débat M. de M'Uzan/J.-L. Donnet. La rencontre est aussi cadrée par la potentialité du refus, d'où qu'il vienne, qui donne sa consistance à la rencontre et à l'engagement à venir. S'il n'y a pas de limite au champ

si oui dans quel cadre, institution ou libéral, et dans quel dispositif, analyse, psychothérapie, psychodrame, groupe ou séances espacées à durée limitée ?

Le consultant essaie, en pensant à « l'autre » analyste, anonyme, de retrouver les traces souvent floues des moments décisifs de la rencontre, ceux qui ont permis au patient d'entrevoir quelque chose de son fonctionnement psychique inconscient.

Un point commun pour ces deux séquences de travail : le patient reçu en consultation est, comme le patient présenté au groupe, d'emblée partagé, partageable : s'il est inscrit pour un traitement au centre, c'est un autre analyste qui le suivra, et dans tous les cas, il y aura l'observation écrite dans le dossier institutionnel, lisible par d'autres collègues.

Alors, dans ce moment charnière de décision d'engager ou de poursuivre un traitement analytique, serait-ce ce rôle de tiers – que jouent les échanges entre analystes – qui serait déterminant pour garantir le fonctionnement psychanalytique du consultant comme de l'analyste traitant ? L'anticipation des discussions avec les collègues serait-elle le meilleur support à l'auto-observation du contre-transfert ? Serait-elle la condition du débat intérieur nécessaire à l'élaboration des mouvements qui ont traversé le processus de la consultation, comme celui d'une séance difficile ?

La discontinuité – temporelle, puisqu'il y aura une fin prévue des consultations, et objectale, puisqu'il y aura un autre analyste pour le traitement –, cette discontinuité du temps consultatif s'accompagne d'une hétérogénéité des registres,

---

analytique, l'analyse peut tout, peut répondre à tout. M. de M'Uzan était opposé à l'éventualité d'un refus, pensant que cela revenait à penser qu'on n'était pas face à un être humain… (*Rfp*, t. LXII, n° 1, 1998, voir extraits *supra*.)

entre écoute associative et anticipation de la conclusion de la consultation, bien avant la fin de celle-ci ; cette anticipation nécessaire, qui mêle, à l'écoute spécifiquement analytique, la prise en compte de la faisabilité et l'orientation à envisager, font de la rencontre une sorte de « traitement d'essai ».

Entre plongée et atterrissage, immersion associative et appréciation du fonctionnement du patient, écoute encore flottante et évaluation déjà là, subjectivité de la rencontre et objectivité clinique, comment le consultant organise-t-il sa pensée[1] ?

Cette tension dans le fonctionnement psychique de l'analyste rencontre ce qu'Aulagnier pointe comme des temporalités contradictoires. Comme elle le souligne, il s'agit à la fois de prendre son temps (afin d'évaluer les potentialités d'un traitement, avec une certaine prédictivité, et donc mener la rencontre suffisamment loin), mais sans peser sur l'engagement ultérieur, et donc conclure au plus vite (en particulier s'il doit y avoir refus d'envisager un travail analytique).

1. – PRENDRE SON TEMPS : RÉPÉTITION DES CONSULTATIONS ET PREMIER APRÈS-COUP

Un débat entre Donnet et de M'Uzan a abordé cette question : Donnet défendait la pluralité des consultations, pour de M'Uzan[2], une seule consultation longue suffisait, son indication était ferme et présentée sans hésitation. (Une ébauche de point de vue rétrospectif se situant à la fin de l'entretien

---

1. J.-L. Donnet, *L'enfant de ça*. Comment s'articulent l'identité idéale de l'écoute libre et la déformation du savoir antérieur ou la pureté idéale d'un savoir scientifique et l'influence déformante de la rencontre ?

2. Se référant à Bouvet pour lequel il ne fallait pas multiplier les consultations pour ne pas se montrer dans sa personne.

quand il demandait au patient « comment ça se passe, là, pour vous avec moi ? »).

Au CCTP, si la consultation unique est une éventualité lorsque la décision paraît évidente, les demandes actuelles imposent le plus souvent la répétition des consultations, avec entre celles-ci un délai, un temps de silence, de solitude, à distance de l'échange interpersonnel.

Cette alternance présence-absence engage pour le patient une réimmersion dans l'environnement et les objets, ce qui pourra être traité en consultation comme les restes diurnes le sont dans le rêve ; et du côté de l'analyste, l'intervalle donne du temps pour « laisser reposer » l'indication à venir, un temps réflexif fait d'anticipation, de retour en arrière, de souvenir et d'oubli.

Ainsi, le moment de retrouvaille à la consultation suivante, premier après-coup de la rencontre, correspond à une double saisie du patient, à la fois perçu et remémoré.

Micro-choc qu'on peut imaginer réciproque, comme pour l'accommodation du regard selon l'éloignement d'un objet, moment fugace échappant sur le moment à la reprise contre-transférentielle ; la présence physique du patient, avec son regard, sa gestuelle, vient s'opposer, comme un double, au patient remémoré, et aux traces laissées par la consultation antérieure ; (le regard fixe et passionnel d'un patient quand je le retrouve à la seconde consultation m'avait fait brutalement reconsidérer l'indication d'analyse que je me formulais à la relecture de ma première consultation. Une question reste après-coup : celle de mon oubli-refoulement de ce regard…)

Donc un patient « remémoré-retrouvé » : là émerge ce qui va se jouer dans l'élaboration finale : éléments sensoriels et amorces de mise en sens, présence et parole, séduction et effacement, identifications et ressaisie contre-transférentielle.

Alors, avec quels éléments le consultant rend-il compte du déroulement de ce processus ? comment s'articulent par exemple le privilège conféré aux processus primaires, l'attention à tel élément, mot, signifiant, et la tentative d'homogénéiser et d'organiser les différents matériaux qui ont dessiné la rencontre ? Est-ce là ce qu'Aulagnier appelle « théorisation flottante » ? et comment naviguer entre le risque d'une objectivation réductrice et une subjectivité par trop narcissique ?

2. – PRENDRE SON TEMPS : NE PAS COMPRENDRE TROP VITE

Face à certaines situations difficiles, en particulier lorsque le versant traumatique est prévalent, le consultant peut avoir été amené à infléchir son attitude habituelle, d'écoute et de réserve, par des ajustements (interventions, relances, questions) qui lui paraissaient nécessaires.

Et qui sont fonction de ses représentations de la structure du patient, en référence à la construction d'un « patient type », ou d'une classification du fonctionnement mental, psychosomatique, psychotique, etc.

L'après-coup s'accompagne alors parfois d'un regret sur la conduite de l'échange, car ces inflexions, en vectorisant le déroulement de l'entretien, ont pu encombrer l'écoute de ce que ce patient-ci a de radicalement singulier et refermer trop vite les interrogations sur l'indication : l'ouverture sur un personnage de l'enfance, sur une analogie de termes, une ambiguïté d'expression, ou des éléments, même ténus, signalant la mise en jeu de la plasticité du sexuel infantile ; éléments qui auraient pu émerger, malgré le masque d'un discours opératoire, mélancolique ou caractériel.

On voit ainsi certains patients « limites » pousser l'exercice de la consultation dans ses retranchements, en cherchant par exemple à tester la disjonction, qu'ils perçoivent intuitivement, entre la personne du consultant et sa fonction (avec des silences, agir, provocations), et, malgré cette attitude première défensive, se révéler tout à fait aptes à l'analyse.

Avec l'écart théorico-pratique, relatif à la reconnaissance fondamentale de l'altérité, J.-L. Donnet introduit plusieurs exigences éthiques :

- préserver un écart entre la classification généralisante et la rencontre singulière ;
- différencier la compréhension d'un phénomène et la possibilité technique de son traitement ;
- enfin, respecter la seconde règle fondamentale de l'analyse qui fait que le savoir analytique ne peut se transmettre sans l'expérience personnelle de la situation analytique.

Ainsi dans le temps de réflexion après les consultations, le recours précoce à la théorie, à la classification, s'il fait l'objet d'une reprise auto-analytique, apparaîtra parfois comme un symptôme, à la mesure des embarras ressentis : une sorte de tentative d'emprise devant une situation difficile, devant un malaise face aux confusions dans le fonctionnement du patient, ou face à l'accumulation des traumas (ayant eux-mêmes un effet de débordement sur le consultant ; entraînant par exemple son propre blocage associatif) ; la théorisation apparaîtra alors comme une forme de « représailles théoriques[1] », revanche sur le malaise contre-transférentiel ; et empêchant une confrontation intérieure avec ses propres mouvements ambivalents ; sorte de refus du féminin, avec ce que cela impliquerait d'ouverture, d'accueil et d'attente, au profit d'une identification narcissique à la fonction analytique toute-puissante (ou à son groupe d'appartenance).

---

1. Dans *L'enfant de ça*, l'auteur note le contraste choquant entre l'incertitude de la position analytique pendant l'entretien avec le patient et l'aspect imposant et clos de la construction finale qui apparaît comme représailles face au malaise contre-transférentiel, avec effacement de l'écart théorico pratique.

Et puis, l'écart théorico-pratique engage une pratique, celle de l'échange avec l'autre analyste, objectivé par les échanges inter-analytiques. Cette référence (qu'elle engage des échanges effectifs ou imaginaires, selon l'intensité de la difficulté rencontrée) est en effet la condition du maintien, ou de la reprise, du dialogue intérieur nécessaire à la dynamique de l'après-coup.

L'effet de surplomb qu'elle produit permet parfois de comprendre ce qui du contre-transfert a été agi dans les consultations. (Telle collègue, qui nous disait à l'issue d'une consultation publique son soulagement à l'idée que ce patient ne pourrait pas être suivi au Centre, nous a ainsi permis d'entendre – grâce à son identification inconsciente à ce qu'elle percevait de l'imago maternelle –, ce qui se répétait à son insu et était resté méconnu : les envies meurtrières de la mère du patient.)

Ces échanges sont d'autant plus fructueux que la confiance dans le groupe des collègues et l'interchangeabilité[1] des fonctions (consultant/traitant) au CCTP soutiennent des mouvements identificatoires variés, parfois révélateurs d'impasses contre transférentielles.

3. – PRENDRE SON TEMPS : NE PAS DÉCIDER TROP VITE

Au cours des consultations, l'anticipation de l'indication a pu se manifester plus ou moins tôt ; ce qui est en jeu dans cette séquence porte principalement sur la vocation analysable du transfert, donc sur la trajectoire envisageable du rapport dedans-dehors, trauma-fantasme, réalité psychique

1. Au CCTP, aucun analyste n'est que consultant et tout analyste peut faire l'expérience de la fonction de consultant.

et matérielle, et la probabilité de leur transitionnalisation… D'expérience nous remarquons qu'il n'y a pas de causalité directe entre nosographie et indication.

L'associativité d'un patient et sa capacité aux déplacements, donc à l'interprétabilité du transfert, son questionnement face à une conflictualité interne, son intérêt curieux pour une parole subjectivée et réflexive, la présence d'une articulation entre corps pulsionnel et langage, qui signe l'émergence du sexuel infantile, peuvent faire rapidement penser à l'analyse.

Inversement une parole décharge, une parole-acte, sans réécriture intérieure, sans jeu autour des polysémies, ambiguïtés, déplacements, en écarte le projet.

Entre ces possibilités, c'est souvent en mesurant les écarts plus ou moins marqués avec une attitude d'écoute associative et de réserve interprétative que se manifestent les embarras de l'indication.

Généralement les problématiques narcissiques, celles où les traumatismes font obstacle à toute subjectivation de l'histoire, celles où l'agir prend une place centrale, vont amener le consultant à proposer un autre site que l'analyse.

Parfois d'ailleurs cette décision s'accompagne d'un sentiment de déception, indice d'un obstacle contre-transférentiel non dépassé. L'indication posée semble être une indication par défaut sur fond d'évaluation négative.

L'idée de face-à-face se profile quand le jeu entre réalité psychique et réalité externe, avec ses préjudices et ses traumatismes, n'est pas suffisamment établi pour se passer de la réalité matérielle et visuelle de l'analyste permettant l'ouverture sur le monde interne.

Outre ces situations duelles, comment surgissent dans l'écoute du consultant les indications de psychodrame ou de groupe ? Peut-être d'abord l'identification à un analyste seul face à tel patient difficile lors du processus consultatif joue-t-elle son rôle dans l'indication…

Et c'est la faillite du groupe social ou familial, les rigidités identificatoires, qui penchent en faveur de l'intégration dans un groupe de pairs, comme seule permettant aux interactions en jeu de prendre une dimension symbolisante.

Quant au psychodrame, son idée mûrit en fonction du sentiment qu'il va falloir objectiver, par la présence de plusieurs analystes, les différentes facettes des imagos jusque-là intouchables. En particulier quand la qualité de l'objet n'a pas été favorable à son hallucination négative.

Cela s'est traduit au cours du processus consultatif, par des difficultés à avoir pu faire jouer une conflictualité entre les instances psychiques.

Quant aux séances espacées à durée limitée, elles répondent souvent à des situations ambiguës, charnières, ou à l'impossibilité d'un engagement régulier et soutenu. Et sont souvent préparatoires à une autre forme de travail analytique.

Mais il arrive aussi qu'on ait l'impression qu'il ne s'est rien passé d'analytique, qu'il n'y a eu aucun après-coup, et pas de véritable rencontre pendant les consultations. Pauvreté des représentations, absence d'intérêt pour l'enfance, poids de la réalité ou inintelligibilité de la disjonction de la méthode avec les résultats, attente de réparation de préjudice : ces tableaux peuvent amener à multiplier les consultations jusqu'à ce qu'une issue se profile, soit par défaut, le patient ne vient plus aux consultations, soit par inscription sur la liste d'attente en misant sur l'instauration d'un site fiable pour qu'un processus s'amorce…

Quant à la mesure de l'écart entre notre écoute et l'écoute de l'écoute, comment le patient réagit à nos interventions, cet écart vient parfois décourager nos attentes ; Freud parlait des mots « aiguillages[1] » (chargés de l'histoire infantile et de

1. S. Freud, *Dora*.

la problématique inconsciente) ; les relever tombe parfois à plat, comme avec cette patiente, très avide dans le contact, avec une parole-décharge, ne supportant pas que je ne sois pas l'analyste qui la suivra, et qui, après avoir parlé de son enfance délaissée avec des parents restaurateurs, me dit que son père « bouffe » des livres à longueur de journée, et qu'elle vient de vivre une rupture qu'elle ne « digère » pas ; analogies de termes que je relève, car ils me paraissent la travailler comme des signifiants complexes, mais cela ne suscite chez elle qu'un sourire poli.

COMMENT CONCLUT-ON ?

Ainsi l'indication envisagée dans les premiers après-coups est souvent remise au travail dans le cours des consultations.

C'est en particulier pour les situations, de plus en plus nombreuses, qui s'éloignent de la situation modèle d'analysabilité, que se concentre un travail de contre-transfert.

Et la séquence de terminaison est souvent marquée :

- *côté analyste*, par un temps de tâtonnements sur le site à envisager : revirements, hésitations, exprimant des mouvements ambivalents, ou parfois le sentiment d'une rencontre plus ou moins ratée.

« Prendre son temps », nous le comprenons alors comme temps nécessaire d'incertitude, pour laisser se développer une confrontation interne entre divers mouvements vécus pendant les consultations ; on remarque ainsi que plus on s'est engagé dans une interaction relationnelle, moins l'indication sera facile à poser ;

- *Côté patient*, l'accrochage au consultant, qui signe fixation, difficulté aux déplacements et au deuil, sera à retravailler et il faudra parfois paradoxalement poursuivre et répéter les consultations, le temps de permettre un déplacement de l'investissement de l'objet sur son propre fonctionnement psychique ; que le patient puisse sentir que ce transfert et ce début de travail lui appartiennent et qu'il pourra le transférer sur un autre analyste.

C'est aussi le moment où se manifestent agirs et questions directes, qui révèlent la montée de l'angoisse devant la perte à venir ; opter pour interpréter ce moment, répondre aux questions ou contre-agir dépendra de l'appréciation du risque de malentendu possible ou de perlaboration envisageable.

En effet, un des après-coups de la rencontre se manifeste parfois par la reprise d'un rendez-vous avec le consultant lorsque, engagé dans une situation mal comprise, avec des règles qui ne prennent pas sens, le patient met en échec l'instauration de la cure.

Il faudra mesurer alors la non-pertinence de l'indication, du fait des résistances ou d'obstacles mal évalués, inhérents à sa situation objective.

Quoi qu'il en soit, ce qui se transmet dans ce temps de questionnement sur l'indication n'est pas négligeable pour le patient ; accompagnant la dernière partie du processus, il vient compenser la séparation à venir, car ce tâtonnement, si on l'intègre dans le processus de la rencontre, permet de montrer au patient comment on le pense et l'investit ; partagé avec lui, il témoigne de nos modalités réflexives, nos renversements ou fluctuations de pensées et mouvements éventuellement contradictoires à son égard ; et là s'ouvre un nouvel après-coup pour le patient, celui des croisements identificatoires.

Vient la rédaction de l'observation qui va d'abord mobiliser une mémoire, qui pourrait être celle que décrit Freud dans « Conseils aux médecins » : « coexistence d'une mémoire significative, ce qui fait sens, et des traces mnésiques floues, en latence, qui trouvent leur ordre après-coup ». Il va s'agir de revenir sur ce qui a constitué la trame de notre écoute, de ce qu'on a retenu, pourquoi.

Parfois il est difficile de savoir ce qui a pris sens, comment, par quel chemin…

C'est aussi une adresse à « l'autre » analyste, au groupe, comme tiers pour éclairer ce qui du lien interpersonnel établi vient prendre sens dans l'histoire du patient[1] ; moment aussi de partage du patient avec l'autre collègue, qui peut aller du souci proche de la « préoccupation maternelle primaire » au soulagement de s'en dégager…

L'observation témoigne de ces différentes approches et se conclut par l'argumentation de l'indication ; c'est un moment de maîtrise active, avec un regard rétrospectif sur l'accueil des interprétations, sur les écarts et ajustements techniques qui ont été nécessaires, parfois du fait du poids d'un objet imagoïque, obstacle à la liberté de penser, ou au contraire sur les moments de bascule, de renversements de points de vue chez le patient, sur les mouvements ludiques et associatifs, sur le plaisir pris à cette rencontre.

La décision apparaît en tout cas prise dans le trajet de l'après-coup, trajet habité par l'adresse à l'autre analyste, c'est-à-dire l'ouverture, l'écart, le dialogue comme exigence éthique et condition même de cet après-coup.

RÉFÉRENCES BIBLIOGRAPHIQUES

Aulagnier P. (1988), Cent fois sur le métier…, *Topique*, n° 41, p. 7-17.

Aulagnier P. (1984/2004), Les entretiens préliminaires et les mouvements d'ouverture, *L'apprenti historien et le maître sorcier*, Paris, Puf, « Le fil rouge », p. 173-192.

Donnet J.-L., Green A. (1973), *L'enfant de ça*, Paris, Minuit.

Donnet J.-L. (1985), Sur l'écart théorico-pratique, *Revue française de psychanalyse*, t. XLIX, n° 5, p. 1289-1305.

1. On le lâche, on le confie, on le donne à adopter, etc.

Donnet J.-L., M'Uzan M. de (1998), Dialogue, la rencontre analytique, interview par C. Bouchard et J.-M. Porte, *Revue française de psychanalyse*, t. LXII, n° 1, p. 189-208, repris dans ce volume p. 19.

Freud S. (1905e [1901]/2006), Fragment d'une analyse d'hystérie (Dora), « Cinq Pychanalyses », *OCF.P*, VI, Paris, Puf.

Freud S. (1912e/1998), Conseils au médecin dans le traitement psychanalytique, « La technique psychanalytique », *OCF.P*, XI, Paris, Puf, p. 145-154.

L'interprétabilité

Un changement préalable au changement : l'interprétabilité[1]

> Il n'y a rien à quoi l'homme, par son organisation, soit moins apte qu'à la psychanalyse[2].
>
> Sigmund Freud.

Si certains patients semblent s'installer de façon assez naturelle dans la situation analytique, trouvant un bénéfice à l'exercice de la parole sans destinataire visible et sans effets extérieurs, s'adaptant plutôt facilement au dispositif, à la règle fondamentale et à la suspension de l'acte, découvrant ainsi les potentialités d'une nouvelle modalité de la parole, il se présente d'autres cas de figure où, au contraire, la manière d'utiliser le cadre proposé semble ne pas permettre de le rendre intelligible ni efficace : la situation analytique et le travail interprétatif paraissent inappropriés et ne pouvoir se présenter que sur un mode d'effraction ou d'inefficacité. Il semble que l'analyse ne démarre pas, que la situation n'est pas porteuse du déploiement d'une trajectoire et même que

1. Article paru dans la *RFP*, t. LX, n° 4, 1996.
2. Lettre à Binswanger, Binswanger L., *Discours, parcours et Freud*, Gallimard, 1969, p. 299.

certaines de ces situations semblent interdire le travail interprétatif; on ne peut donc que s'interroger sur les conditions qui rendraient possible l'amorce d'une névrose de transfert analysable.

Si, à l'un des pôles de ces exemples de débuts de cure, on rencontre des patients pour lesquels la situation est d'emblée hypersignifiante et présente ainsi un effet quasi traumatique, on verra, à l'autre pôle :

- certains patients accrochés à la réalité de la personne de l'analyste et ne pouvoir s'écarter des habitudes, des échanges ordinaires. Expression d'un contre-investissement établi du fait de l'absence des repères habituels et de l'angoisse suscitée par l'irruption de mouvements transférentiels, la recherche d'une relation réelle et positive avec l'analyste[1]. Parallèlement, le cadre de la relation analytique, sans être consciemment refusé ni violemment attaqué, est l'objet d'une sorte de négation ;
- ou bien des patients qui vont, comme en symétrie, prendre les modalités du dispositif analytique au pied de la lettre ; elles sont l'objet d'une représentation consciente, rationnelle et banalisée et la situation ne prend alors pas d'autre signification que d'être un simple espace neutre, légitimé par son efficacité, réduit à son sens manifeste d'objet du contrat explicite entre le patient et l'analyste[2].

Un trait commun à ces modalités d'installation dans la cure serait le non-renoncement à l'échange « ordinaire », qui peut, soit être activement recherché, soit résulter de

---

1. Questions à l'analyste, tentatives de conversation ordinaire avec lui, formules de politesse à tout propos traduisant souvent un mouvement projectif sous-jacent non vécu comme tel, en toute ingénuité.

2. Ce mécanisme peut être renforcé et trouver une résonance dans une représentation codifiée de l'analyse, comme servant à « pouvoir dire » (au mieux, se remémorer), devant un analyste silencieux.

l'évacuation de toute question concernant le récepteur de la parole. L'interrogation « À qui suis-je donc en train de parler ? » est évacuée. Et c'est bien cette question, me semble-t-il, que rencontre celle de l'interprétabilité.

1. – EXEMPLE CLINIQUE

Une patiente, par son utilisation tout à fait particulière de la situation analytique, m'a confrontée à ce sentiment de l'inadéquation du dispositif et à la difficulté de la « première » interprétation, qui aurait pris inévitablement, me semble-t-il, un aspect d'interprétation sauvage tant la situation était peu symbolisée.

Ceci posera, bien sûr, la question du cadre le mieux adapté – divan ou face-à-face – pour la mise en route du processus analytique[1].

Ce qui était le plus frappant était la tonalité du début de l'analyse : un débit ininterrompu de récits vindicatifs ou anecdotiques dont je me sentais réduite à n'être qu'un témoin plus ou moins ignoré, et le cadre paraissait limité à un simple dispositif technique, objet d'aucun commentaire. Elle parle, sur le divan, sans qu'aucun changement lié, par exemple, à la disposition divan-fauteuil ne semble intervenir, puisque par des gestes ou des « d'accord ? » elle fait comme si un interlocuteur en face d'elle lui répondait ou la regardait. Elle raconte ainsi sa mère qui met le nez dans ses affaires, son père qui ne la regarde pas, son ami radin et taciturne.

Alors que sa problématique est clairement centrée autour de la protection contre l'investigation maternelle sadique

1. Est-ce le cadre qui permettra l'instauration du processus ou celui-ci doit-il être déjà là (mais comment ?), pour profiter du cadre analytique ?

de son corps, l'aspect principal du début de l'analyse est l'étrange rapport entre la transparence des mouvements agis de transfert, mobilisés par le cadre, comme on va le voir, et, à la mesure de ceux-ci, une sorte de déni de la situation, de ma présence derrière elle soigneusement ignorée, comme si celles-ci n'étaient pas représentables. Si le transfert est inhérent à la parole adressée à l'analyste, puisqu'elle contient par nature une demande, cette patiente fait comme si elle ne s'adressait à personne. Ceci peut être banal, mais ce qui l'est moins est la concomitance de l'exclusion radicale et consciente de l'analyste du champ de la séance et un transfert immédiat, massif, comme « agi » corporellement, dans le débit du récit, mais aussi dans une manifestation symptomatique qui suit la première séance, un épisode d'énurésie nocturne.

Ainsi sa parole en séances, qui semble ne jamais la surprendre, est compacte et narrative, sans retenue, sans réécriture intérieure ni pensées incidentes, sans embarras ni plaisir, et son récit, sans reprise préconsciente ni intuition d'une quelconque polysémie, semble comme une décharge brute et autosuffisante. Elle finit souvent ses phrases par des onomatopées censées accentuer ce qu'elle dit. L'absence d'interlocuteur visible et de réactions normalement attendues ne suscite ni commentaire sur le dispositif ni réflexion sur la source de ses propos ou sur l'objet à qui elle pourrait les adresser.

Cette modalité de parole pose plusieurs questions sur le projet analytique lui-même :

- quelle est sa représentation (pré)consciente de l'analyse, quelle intuition a-t-elle d'une interprétabilité de ses propos, d'un écart entre un sens manifeste et un sens latent ?
- pourquoi cette absence apparemment complète d'identification à une fonction d'écoute ?
- et, à un autre niveau, quelle est la nature des liens entre son corps et le langage, tel qu'ils sont engagés dans

l'analyse (j'apprendrai qu'enfant elle était encoprétique et bégayait) ?

Ce qui pose des questions d'ordre technique est qu'il y a manifestement chez cette patiente comme une rupture entre sa représentation consciente, plutôt confiante, de l'analyse et de ce qu'elle peut en attendre – qu'elle exprime avec des représentations de mots – et les fantasmes inconscients, les motions involontaires que cette situation suscite assez violemment chez elle et qu'elle tente d'exclure – faits, quant à eux, de vécus corporels qui n'apparaissent à aucun moment dans le langage lui-même. Comment naviguer entre la méfiance d'un transfert potentiellement hostile et sa relative confiance en l'analyse ?

Pour illustrer l'aspect – me semble-t-il – ininterprétable de cette forme de transfert négatif, je citerai deux exemples, parmi beaucoup d'autres, d'un rapprochement maximal entre son énoncé et l'espace de son énonciation, et simultanément de leur parfaite étanchéité réciproque :

- « Ma mère est toujours derrière mon dos à me tirer les vers du nez, à me faire dire plus que je ne veux » ;
- ou (dans un débit ininterrompu, sans le moindre temps de pause) : « J'ai rompu avec cette amie en lui exposant tout ce que je lui reprochais et en parlant trois quarts d'heure, sans lui laisser placer un mot. »

Ainsi, je suis celle à qui elle raconte en confiance ce qu'on lui fait subir (ou qu'elle fait aux autres) et où l'on pourrait, de façon transparente, lire son vécu de la situation analytique – qui se trouve ainsi être à la fois le refuge bienveillant de récits vindicatifs aussi bien que le lieu d'actualisation de leur répétition !

2. – CONTEXTE INTERPRÉTATIF ET QUESTIONS CONTRE-TRANSFÉRENTIELLES

Curieuse situation où la relation analytique est fortement interpelée et simultanément ignorée, et l'analyste dédoublé : témoin bienveillant du transfert potentiellement hostile dont il est l'objet ! C'est peut-être d'ailleurs ce clivage lui-même qui donne au transfert son caractère négatif, car la séance tend à n'être réduite ainsi qu'à une simple reduplication ininterprétable d'une scène de la vie de la patiente[1].

Les deux espaces, celui du contenu énoncé (sa mère dans son dos) et celui dans lequel il s'énonce (moi dans son dos) restaient aussi parallèles dans sa conscience que confondus dans l'acte d'énonciation : comme une répétition à l'identique sans intuition d'un déplacement. Ce qui ici semble ôter prise à l'interprétation, c'est qu'au fond, en évacuant la question – à qui parlait-elle ? – elle s'effaçait elle-même, comme sujet en train de parler, devant le contenu de son récit véhément et l'obéissance à la prescription de l'association libre. La scène racontée escamotait le travail et la réalité du récit actuel : on peut ainsi se demander, comme dans certains débuts d'analyse, si la parole narrative est interprétable et comment se dessinera ce point de bascule qui permettra au patient de considérer, au-delà de la réalité subie et racontée, l'autonomie de son activité psychique ; autrement dit, comment s'esquissera le passage de la théorie de la séduction à celle de sa sexualité infantile. Peu à peu, par une familiarisation progressive avec l'écoute analytique ou brutalement, dans une saisie irréversible ?

---

1. « L'effet le plus sûr du transfert négatif n'est pas tant d'exprimer quelque affect de tonalité hostile que de dissocier l'analyste du processus analytique », M. Neyraut, 1980.

Tous les mouvements contre-transférentiels vécus dans ce début de cure prenaient racine dans cette situation de paradoxe et s'articulaient autour de mon attente insatisfaite d'une autre modalité de parole et d'une meilleure utilisation du cadre qui auraient rendu le travail analytique et l'interprétation possibles[1].

Exigence contre-transférentielle qui manifestait que, malgré la règle fondamentale qui ne privilégie aucun contenu de parole, j'attendais l'amorce d'un changement de statut des propos, la formulation d'une «pensée incidente» (*Einfall*[2]) imprévue, non voulue qui, marquant un décalage avec son récit, serait inévitablement accompagnée d'une curiosité sur son apparition: pourquoi telle pensée, maintenant? J'attendais ainsi son investissement de sa propre activité psychique et, grâce au dispositif qui la suggère[3] et l'anticipe, une «bonne» utilisation de la situation analytique.

La prise en compte de cette exigence contre-transférentielle, dont l'aspect «psychanalytique normatif» et surmoïque ne peut masquer qu'elle assure l'investissement de la fonction d'analyste, me permit de m'en déprendre et de rendre dynamique l'ébauche de dilemme: d'un côté, attendre que le patient réponde à ce que la théorie attend de lui; de l'autre, s'adapter à sa singularité et renoncer à toute référence au modèle analytique. La considération de cet écart me permit d'appréhender comment la situation modifiait et enrichissait ce qui pouvait apparaître comme simple analogie d'«éprouvé» avec des scènes de son histoire: l'éclairage de

1. M. de M'Uzan (1991) parle de «dispositif d'accueil».

2. Celles-ci étaient-elles tues ou lui «étaient-elles même inconnues? La règle fondamentale suscite et inclut les réticences ou critiques et commentaires à son sujet...

3. Dispositif qui tend à signifier que le changement résidera dans sa simple mais pleine utilisation.

la séance complexifiait la scène évoquée, car, par son récit, elle me plaçait en position passive d'observatrice et démultipliait ainsi les scénarios. Me revint alors la surprenante question qu'elle m'avait posée en s'installant sur le divan : « Je vous parle à vous ou... ? », question en suspens permettant de saisir que sa parole, avec sa valeur pulsionnelle brute, n'était qu'en quête d'un déversoir et que la forme narrative et directe, avec sa fonction de bouclier ou de projectile était aussi la modalité sous laquelle se manifestait la question même de l'origine de ses pensées : l'extérieur, le dehors. Le sentiment contre-transférentiel de la violence d'une interprétation « incompréhensible », ou du caractère d'effraction de la parole interprétative, trouvait écho dans son histoire et m'aidait à saisir le caractère érotique anal pénétrant de l'acte de parole, et donc ma « neutralisation » nécessaire par son récit et son aspect de décharge autosuffisante.

Si la situation analytique était ainsi ignorée, c'est probablement du fait de la menace qu'elle actualisait et on peut remarquer l'articulation, établie plus tard, entre l'aspect difficilement tolérable de la non-visibilité de l'analyste et son investissement défensif du non visible – l'intellect, la pensée logique et secondarisée – qui, contrairement à son corps, ne pouvaient être fouillés par sa mère...

Il m'apparut qu'une des fonctions de son récit consistait à me distinguer de l'imago maternelle : il s'agissait d'éviter absolument les affects hostiles (qui étaient donc bien là) et de me définir, par une sorte de mise en garde, comme ce que je ne devais pas être : celle qui fouille en elle lui « tire les vers du nez » ou la neutralise. Mais cette distinction était, en quelque sorte, effectuée par le biais d'un espace étanche, une isolation entre le professionnel neutre et l'objet transférentiel. La question de l'objet-analyste (à qui s'adressait-elle ?) était comme décomposée en ses différents éléments.

3. – LA QUESTION DE L'INTERPRÉTATION « IMPOSSIBLE »

En replaçant, par une interprétation de transfert, son récit sur la scène de la séance qu'elle évitait, j'aurais peut-être fait se confondre, assez brutalement, contenu de l'interprétation et acte interprétatif: une façon effective de fouiller en elle et de la deviner, réalisant ainsi un collapsus avec l'imago maternelle: une interprétation selon laquelle elle pouvait aussi se sentir pénétrée et devinée par moi pouvait-elle être entendue autrement que comme l'acte où je la pénètre et la devine? Au lieu d'irréaliser le vécu transférentiel et de me distinguer de la projection dont je pouvais être l'objet, l'interprétation – alors indissociable de son énonciation – m'aurait paru annuler l'écart que la patiente tentait d'établir entre l'imago maternelle et moi et ainsi favoriser la confusion entre l'analyste désignée dans le contenu de l'interprétation et l'analyste intervenant; car l'interprétation aurait sans doute été entendue comme émanant, non d'une fonction interprétative de l'analyste, mais de la reduplication d'un objet d'autrefois, de l'objet d'un (pré)transfert ignoré et subitement révélé.

La tentation de traduire un matériel transparent analogique ne risquait-elle pas d'être la pire confirmation, l'exacte répétition de l'objet qui la « piège[1] », la privant de l'expérience de la polysémie du scénario, de la complexité et réciprocité des

1. On entrevoit ce qui pourrait différencier interprétation et suggestion. Contraindre le patient à considérer que c'est lui qui voit une menace où il n'y en a pas, semble, outre une façon d'avoir forcément raison, une confirmation de la primauté de l'objet sur le fantasme, la persécution étant là simplement déplacée sur le contenu de l'interprétation pointant le mécanisme projectif. Nier ce que le cadre induit, et qui n'est pas « pure » création du patient, revient à nier la complexité de l'articulation trauma-fantasme telle qu'elle est remaniée dans la cure.

rôles, de la double composante, active et passive, des deux protagonistes et de l'incertitude de l'interprétation ?

L'ouverture d'un champ permettant un discours interprétable reposait sans doute sur « l'expérience correctrice », et finalement interprétative, du non-empiétement, mais la question principale était celle-ci : comment interpréter un transfert fait de représentations de choses sans le vecteur des représentations de mots ? Sur quelle continuité prendre appui ?

La menace représentée par l'objet, et les aspects dits « négatifs » du transfert ne pourraient-ils être articulés à la faillite d'une instance psychique, sorte de « miroir interne » ? Cette patiente « raconte » et semble ne pas s'entendre parler, ne pas s'écouter ni s'étonner, et donc ne pas avoir d'espace pour vivre ses pensées comme des projections, des créations et sa réalité psychique comme autonome : auto-observation et retour sur soi « actifs » dessineraient cette limite entre le dedans et le dehors, créant un « dedans », objet de son propre regard, alors que, pour elle, il n'était que le produit de l'extérieur et toujours potentiellement vidable par l'inquisition, la fouille ou l'interprétation. L'investissement du nonvisible (l'intellect) au détriment du corps constituait bien une tentative pour opposer un espace hors d'atteinte à toute inquisition. La première condition de l'interprétabilité serait peut-être que le patient ne s'épuise pas dans le fait de parler et qu'un décalage minimal, où il s'entende lui-même, lui permette d'écouter comment l'analyste l'écoute[1].

Si l'interprétation pouvait renforcer cette menace de vidage ou d'effraction, cette fonction tierce interne qui lui permette de se voir et de s'entendre pouvait trouver un relais (externe-interne), l'analyste-témoin à qui elle « raconte » : le style narratif, s'il évoquait l'origine externe de la vie

1. Voir la Conférence de H. Faimberg, à la SPP du 16 janvier 1996.

psychique, permettait aussi de penser à la perception de l'analyste comme dépositaire, tiers séparateur ou non-mère, et à l'organisation d'un transfert paternel, protecteur contre l'inquisition maternelle.

Une autre question se posait : peut-on entendre comme de même valeur économique un récit et, par exemple, une situation conflictuelle de résistance par le silence qui désignerait clairement la prise de conscience d'un affect et mettrait en crise la position d'obéissance à la règle ? La faillite représentative – et la mise en acte de l'affect inconscient directement dans le récit – laisse à penser que l'interprétation pourrait être reçue sur le même mode, comme un acte, alors qu'à d'autres moments, un acte de l'analyste (par exemple, un refus de diminuer le nombre des séances) sera entendu comme une interprétation.

Exemples d'amorces interprétatives : mon refus à sa demande de diminuer le nombre de ses séances fut sans doute entendu comme un « non », acte de maintien du cadre, mais aussi comme un « non, je veux vous garder » qui signifiait une réassurance sur l'accueil fait à ses paroles. Acte interprétatif qui sera suivi d'une confiance dans sa consistance intérieure et favorisera le regard actif sur son propre processus et une possibilité à se laisser aller ; elle explore alors le plaisir de l'errance sans but, de la dérive associative, elle parle d'« analyse nouvelleformule » et vit un moment d'appropriation subjective du cadre analytique et de la règle fondamentale[1]. Le « remplissage » du début laisse place au désir réceptif d'écouter : elle dira ainsi, montrant que l'absence devient potentialité d'une

1. La névrose de transfert mettra l'éclairage sur l'enjeu de l'échange verbal : c'est autour de la question de la valeur corporelle et érotique de la parole que s'installe le processus analytique : la donner, la recevoir, la retenir douloureusement, etc.

présence : « Votre absence me fait m'observer. » Par ailleurs, l'évocation compulsive et plaintive de scènes où elle était victime de violence m'avait amenée à lui suggérer que « si elle s'y voyait, c'est qu'elle s'y regardait » : le démontage du retournement de la pulsion suscite une association sur la scène primitive ; sa double identification aux rôles maternel et paternel lui permet alors l'accès à une certaine bisexualité : l'expérience du sentiment d'« être parlée » en même temps que du plaisir de l'identification à une fonction d'écoute sont ainsi ouvertes, elle devient sensible à l'attente de mes interventions et soulignera, semblant répondre à sa question inaugurale : « C'est très différent de vous parler ou de parler aux murs, car c'est plus difficile et cela s'accompagne de gêne et de honte[1]. »

4. – QUE COMPRENDRE DE CES SITUATIONS OÙ L'INTERPRÉTATION NE SEMBLE PAS DE MISE ?

L'interprétation réussie permettrait de démarquer, en l'y désignant, l'analyste de la position assignée dans le transfert, de pointer le déplacement et de rétablir du même coup l'écart. Or on peut penser que le risque d'une interprétation dont les conditions d'accueil ne sont pas réunies chez le patient serait, en faisant comme vaciller la source même de son origine, qu'au lieu de déréaliser l'affect de transfert en le nommant, de lui donner, à l'inverse, trop brusquement corps et réalité. Elle prendrait le risque d'érotiser l'échange

1. Voir l'argumentation de M. Fain (1968) opposant analyse et suggestion autour de la modification du principe de réalité dans la cure par la « différence essentielle entre être son propre auditeur et s'adresser à quelqu'un », faisant de ce quiproquo initial un élément de l'appréciation de l'indication d'analyse.

analytique alors que la suspension de l'acte et de la représentation-but n'est pas intériorisée, avec les modifications de statut de la réalité et du fantasme, et l'incertitude acceptée quant à la nature de l'échange entre les deux protagonistes, que cela implique.

Ce qui fait question est bien l'absence de jeu et l'isolation entre la représentation de l'analyste-interprète et celle de l'analyste-objet de mouvements transférentiels méconnus.

C'est sans doute la non-symbolisation de l'objet qui fait que, par une sorte de malentendu, le patient reçoit l'interprétation comme expression du désir même de l'analyste. Celle-ci ne peut alors avoir que ce statut d'interprétation sauvage, et son effet de surprise, au lieu de nourrir le plaisir sublimé de l'élaboration d'une répétition, va, au contraire, la renforcer.

La fonction de triangulation de l'interprétation par l'effacement de la personne au profit de la fonction échoue dans une sorte de dérapage où l'analyste semblerait reprendre à son propre compte le contenu de ce qu'il énonce[1].

Nous sommes donc en face d'un paradoxe inévitable puisque l'interprétation nécessite pour être entendue des conditions qu'elle seule peut générer, et que c'est elle qui peut permettre à la répétition de se transformer en névrose de transfert...

---

1. Mais sans ces dérapages il n'y aurait peut-être pas d'analyse, on ne peut tuer ni aimer *in absentia*, et le risque d'une situation trop conventionnalisée et des interprétations sans surprise n'est pas moindre. D'ailleurs l'analyste est bien sûr lui aussi à la fois sujet de son énoncé et de son énonciation.

5. – CONCLUSION

Ce cas clinique pose la question complexe de la production de l'interprétabilité. La question technique de l'interprétation génératrice d'une situation interprétable introduit celle du fondement de l'interprétabilité : sur quoi, sur quelle virtualité de la vie psychique repose le caractère interprétable des processus psychiques et en particulier du transfert ? Interprétabilité et reconnaissance du primat de la réalité psychique procèdent-elles d'une continuité naturelle et spontanée avec les processus psychiques dans leur complexité (une sorte de « prédisposition » à l'analyse) ; s'agit-il d'une sorte d'artifice accepté, produit d'une alliance thérapeutique, ou bien est-ce la conséquence immanente de la seule expérience du divan, de la suspension de l'acte et de l'association libre qui, structurellement, dégagent comme seuls référents la parole et la surface psychique actuelle du patient ? On a constaté le difficile début d'une cure s'engageant sous le signe de la désignation d'une origine externe à la souffrance et dans la méconnaissance de soi-même comme sujet actif et créateur de ses objets internes. Mais cette méconnaissance n'est-elle pas inéluctable dans toute cure avant que ne se produise l'effet de la rencontre entre la répétition et son interprétation ? Si donc toute analyse suppose un travail préparatoire, quelle est l'incidence du cadre choisi pour l'effectuer ?

Si l'enjeu de l'indication analyse-psychothérapie est bien celui des conditions de sortie possible de la répétition, l'expérience nous montre que le protocole analytique, non seulement ne déclenche pas mécaniquement une nouvelle modalité de parole, mais qu'il peut sembler au patient étrange, incongru, et lui apparaître longtemps comme un corps étranger inappropriable. Malgré le champ ouvert par la situation analytique, l'analyste risque de reprendre la figure de l'objet tout-puissant et d'alimenter le cycle de l'aliénation répétitive. Mais, à l'inverse, comment pourrait se déclencher l'amorce d'un processus analytique sans la mise en œuvre des conditions matérielles de la suspension de la représentation-but ?

Freud (1912b) posait comme « principal facteur de succès » l'existence, à côté du transfert à analyser, d'un transfert positif, modéré, fondé sur la suggestion[1]. C'est son absence qui, par contraste, nous fait mesurer que loin d'être un simple lien affectif positif, il nourrit l'investissement a priori de la situation analytique elle-même, se nourrit d'elle et permet à l'interprétation d'être entendue[2]. Son double lien avec la suggestion comme avec la sublimation (ne s'agit-il pas d'un surinvestissement de la représentation ?) articule la question de l'amour de transfert : comment dire un amour de transfert en sachant qu'il n'y sera répondu que par l'interprétation et le maintien du cadre ? Amour même qui n'existe et ne se déploie qu'en se soutenant de sa propre interprétabilité ?

L'interprétabilité ne s'appuie-t-elle donc pas essentiellement sur la complexité des modes de satisfaction pulsionnelle, puisque l'interprétation contient, dans sa réponse même à la demande transférentielle, une prescription implicite à la sublimation, tout en favorisant explicitement la levée des mécanismes de défense en proposant leur élaboration ?

1. Voir la distinction que propose J.-L. Donnet (1995) entre transfert « pour interpréter et transfert à interpréter ».

2. Dans son double statut de donner d'une main ce qu'elle reprend de l'autre, puisqu'émanant toujours et de la personne de l'analyste et de sa fonction, compensant par du sens un effacement de l'objet ou par de la parole une simple signification.

RÉFÉRENCES BIBLIOGRAPHIQUES

Binswanger L. (1969), *Discours, parcours et Freud*, Paris, Gallimard.

Donnet J.-L. (1995), *Le divan bien tempéré*, Paris, Puf.

Fain M. (1968), La règle fondamentale, *Interprétation*, n° 2.

Freud S. (1912b), La dynamique du transfert, *La technique psychanalytique*, Paris, Puf, 1953 ; *OCF.P*, XI, Paris, Puf, 1998.

M'Uzan M. de (1991), Du dérangement au changement, *Revue française de psychanalyse*, t. LV, n° 2.

Neyraut M. (1980), *Le transfert*, Paris, Puf.

Peut-on interpréter le transfert négatif?[1]

La possibilité d'interprétation du transfert négatif est une question qui rencontre une double perspective : si, structurellement, transfert négatif, résistance, rupture de cure et interprétation sont liés, l'expérience clinique nous amène à considérer que bien souvent l'interprétation du transfert négatif semble aussi problématique que nécessaire. Il y a effectivement un paradoxe : le transfert négatif est à la fois ce qui est à interpréter[2] et ce qui empêche l'interprétation[3].

Deux remarques préalables :

– l'analyse est née du transfert négatif. Comme le rappelle Lagache dans son rapport de 1951, si tous les patients avaient été hypnotisables, il n'y aurait pas eu de psychanalyse. Emmy von N… refuse de répondre aux questions de Freud, et Bernheim reconnaît qu'il ne rencontre ses succès par la suggestion que dans sa pratique hospitalière alors qu'en privé il se heurte à des échecs (Freud, 1925d, p. 31) :

---

1. Article paru dans la *RFP*, n° LXIV, n° 2, 2000.

2. S. Freud (1913c) « Pour aborder la question du transfert, il faut attendre que celui-ci se soit mué en résistance », et en 1937, « La complétude de l'analyse est relative à l'analyse du transfert négatif ».

3. S. Freud (1912c) « Lorsque le transfert est devenu essentiellement négatif comme dans le cas des paranoïaques, il n'existe plus aucun moyen d'influencer ou de guérir les malades. »

– puisqu'il n'est pas voulu par le médecin, le transfert négatif est pour Freud le garant d'un phénomène distinct d'un effet de la suggestion ; en faisant basculer du côté du fantasme la question de la séduction, il devient le signe et de la sexualité infantile et de l'étiologie sexuelle des névroses, donc de leur caractère analysable[1].

Mais ici se mêlent la notion d'hostilité dans le transfert et celle de transfert négatif tel qu'elle sera abordée en 1937. Je propose de laisser provisoirement coïncider transfert « négatif » et « hostile », pour rappeler quelques-uns des questionnements de Freud :

1.– C'est dans le traitement du transfert négatif que consiste la distinction entre l'analyse et d'autres types de cure :
   - 1912 : « Les transferts négatifs sont choses courantes dans les maisons de santé et dès qu'ils se manifestent, le patient quitte l'établissement sans être guéri ou même dans un état aggravé. »
   - Dora : « ce qui différencie les autres cures de la psychanalyse ne se manifeste qu'en ceci : le malade [...] ne fait spontanément appel qu'à des transferts affectueux et amicaux en faveur de sa guérison ; là où c'est impossible, il se détache aussi vite que possible du médecin qui ne lui est pas sympathique [...] sans s'être laissé influencer par lui. Dans le traitement psychanalytique par contre [...] toutes les tendances, même hostiles, doivent être réveillées, utilisées pour l'analyse en étant rendues conscientes. »

Donc, rupture ou interprétation. Comme le note M. Neyraut (1953), ce n'est pas par absence d'affects hostiles

1. Argumentation qui néglige l'articulation fantasme-réalité telle qu'elle est remaniée dans la cure. Ici c'est l'« innocence » de l'analyste et du dispositif qui légitime l'interprétation du transfert.

que le patient n'interrompt pas le traitement, mais c'est le mouvement hostile, démasqué et élucidé qui va renforcer le lien analytique.

L'accueil original fait au transfert et la recevabilité des affects hostiles, expérience qui bouleverse les règles habituelles des échanges humains (« sans équivalents dans la vie réelle », dit Freud), permettent de rendre compatibles le déploiement du transfert et son interprétation, ce qui est bien la spécificité de l'analyse.

2.– Limites à l'interprétation du transfert négatif :

Freud dit par ailleurs que si l'hostilité, l'indifférence ou les éléments érotiques dominent, ce sont les limites à l'interprétation et même à la poursuite de la cure qui sont posées ; il faudra alors « battre en retraite ».

Si l'on s'arrête sur un « cas d'homosexualité féminine » (Freud, 1920a), après avoir décrit l'indifférence avec laquelle la patiente accueille les interprétations (« une dame du monde dans un musée avec son face-à-main »), il écrit « qu'il est difficile de mettre à jour une telle hostilité latente sans mettre la cure en péril », et il lui conseillera de poursuivre avec une analyste femme…

Deux registres de questions se posent :

- l'un, prosaïque : l'analyste qui ne veut pas perdre un patient n'interprétera donc pas le transfert négatif ;
- l'autre, technique : « passer la main », comme le fait Freud, n'est-ce pas une façon de dire que le transfert négatif ne pourrait s'analyser « qu'à froid », avec l'analyste suivant ?

Ce texte et d'autres posent les questions techniques de l'interruption d'une cure, du renoncement partiel à l'interprétation et du choix d'attitudes actives[1].

1. Dans une lettre à E. Weiss, Freud lui suggère de mettre dehors son patient ou… de l'envoyer à Groddeck.

Ainsi, comme le note Viderman (1970), il y a une certaine similitude, malgré les années qui les séparent, entre les *Études sur l'hystérie*, où Freud (1895d) donne huit jours à Emmy von N… pour changer d'opinion sur l'origine de ses douleurs gastriques, et « L'homme aux loups » pour lequel, dans le but de provoquer une dynamique absente, il fixe un terme au traitement : bien que la théorie du transfert se soit élaborée entre les deux cures, il adopte la même attitude active d'« extorsion », comme seule à même d'entraîner une dynamique mutative, ce qui permet d'apprécier sa désillusion sur l'impact des interprétations face à la violence des résistances…

3.– Ma question sera donc celle des conditions de l'interprétation du transfert négatif :

Qu'est-ce qui fait que mettre à jour le transfert négatif risque d'entraîner la rupture (question posée dans le texte sur l'homosexuelle), alors que l'on sait par ailleurs que s'il ne l'est pas, il entraîne la rupture (question posée dans Dora) ? Notons que ce questionnement chez Freud de l'interprétation du transfert négatif, avec ces deux exemples – où effectivement il y a eu interruption de la cure –, semble recouper celui de l'homosexualité, plus précisément d'une perturbation du lien homosexuel primaire.

Quelles sont donc les conditions nécessaires pour l'interprétation du transfert négatif sans « mettre la cure en péril » ? Y a-t-il des précurseurs, des relais, qui rendent sa mise à jour et son élucidation possibles ? Qu'est-ce qui en conditionne l'intelligibilité ?

Deux réponses chez Freud :

A.– Quant à ce qui rend le travail analytique possible, la réponse de Freud est d'une constance impressionnante : c'est le transfert positif, affectueux[1]. Il évoque dans de

1. S. Freud (1895d), *Études sur l'hystérie* : « La lutte contre les résistances dépend non du facteur intellectuel mais du transfert positif » ;

nombreux textes, la confiance et les « sentiments amicaux ou tendres », dont je relève deux caractéristiques : l'inhibition de but pulsionnel et la place faite à la suggestibilité[1]. Si cette notion apparaît quasiment synonyme de transfert positif, Freud distinguera « l'attente croyante sur un guérisseur quelconque et celle où intervient la certitude d'une bonne démarche » ; c'est dans cet écart et cette conjonction, où le transfert positif renvoie à la science comme à la religion, à l'« alliance de travail » comme à la « violence de la foi », modalités de la confiance dont les ressorts ne sont peut-être pas facilement dissociables, que se situera un des aspects de la réflexion.

Donc transfert positif et négatif ne sont pas à des places symétriques dans la cure, indifféremment interprétables : positif, il potentialise le travail interprétatif, négatif, il l'invalide. Et donc, pour interpréter le transfert négatif, il faut du transfert positif (notions dialectisées par J.-L. Donnet qui distingue le « transfert *à* interpréter » et le « transfert *pour* interpréter »). Distinction qui recouperait en partie la distinction : « pulsions sexuelles » (qui exigent satisfaction et consomment l'objet) et « pulsions de vie ou d'amour » (avec l'accent mis sur la psychisation de la pulsion).

B.– Deuxième élément de réponse : sont nécessaires, écrit Freud, « l'attachement à la personne du médecin », mais aussi « l'interprétation près du moi, près des pensées ». Cette remarque met l'accent sur l'homologie nécessaire à

Introduction à la psychanalyse : « Le transfert positif qui transforme les conceptions de l'analyste en articles de foi. »

1. « Nous admettons volontiers que les résultats de la psychanalyse se fondent sur la suggestion » : tous les hommes sont dans une certaine mesure suggestibles, « présentent une tendance au transfert, à l'exclusion du transfert négatif » ; mais par ailleurs (lettre à Binswanger) « L'homme par son organisation n'est à rien moins apte qu'à la psychanalyse… »

l'interprétation, ce qui depuis Winnicott peut être conceptualisé avec la notion de transitionnalité ; on pourrait parler d'« interprétation trouvée-créée ».

Donc à l'un des pôles – hostilité et distance maximales – on trouvera le paranoïaque ; sa « vue acérée » sur le psychisme d'autrui, et non sur le sien, et son sentiment de préjudice paraissent incompatibles avec l'accueil de l'interprétation : vivre un mouvement psychique comme significatif suppose qu'il ne soit pas vécu comme provoqué par l'analyste. Paranoïa qui est définie par Freud comme le modèle du transfert négatif, et dont la genèse recoupe les troubles du lien primaire avec lesquels il a illustré la difficulté de la question : rupture-interprétation.

À l'autre pôle, des « bonnes indications », l'accueil de l'interprétation « près du moi » suppose une juxtaposition de deux mouvements psychiques : déploiement du transfert et attente de son interprétation. Le transfert s'accompagne d'un investissement spécifique de la situation avec désir de sa propre élucidation.

Sublimation, identification hystérique au désir de l'analyste d'analyser, reconnaissance de l'analyse instituée et du savoir préalable à la rencontre singulière, c'est bien cela qui rend possible le « troc » permettant d'investir la désimplication contenue dans une interprétation de transfert. « Développer un transfert ne veut pas dire qu'on ignore à qui il s'adresse », dit M. Neyraut (1973).

4.– Hypothèse : le transfert analysable (positif ou hostile) serait lié à sa compatibilité avec l'investissement de la neutralité de l'analyste, et c'est par son absence que pourrait se définir le transfert négatif, sorte d'utilisation inadéquate de la cure et de son protocole, qui donne l'impression d'un profond malentendu sur ce qui est en jeu.

Transfert « négatif » qu'il faut distinguer maintenant d'un destin inévitable du transfert positif où la dissymétrie de la cure, l'obligation du dire et l'interdit du faire exacerbent dépit et hostilité[1].

Ici, négatif parce qu'inanalysable : où fait défaut cet investissement de la neutralité et du renoncement à l'acte ; investissement qui plonge ses racines dans l'identification primaire, qui fonde le lien social et constitue une sorte de précondition à l'analyse du transfert, que les notions de « transfert de base » (C. Parat), « structure encadrante » (A. Green), ou « transfert pour interpréter » (J.-L. Donnet) me semblent définir. C'est sur cette base, une fois la dissymétrie de la cure réinstaurée, que se développeront les transferts interprétables.

Donc, d'un côté on retrouve les notions de confiance et d'inhibition de but qui caractérisaient pour Freud la condition de l'analyse, de l'autre le lien transfert érotique-transfert négatif de 1912 et la resexualisation de l'homosexualité sublimée ; là où ce fondement fait défaut, on imagine les potentialités inductrices de transfert négatif présentes dans l'instauration du traitement (horaires, paiement) et sur lesquelles se basent les techniques d'interprétation d'emblée du transfert négatif[2].

Si l'analyste-objet de transfert et l'analyste-interprète sont confondus, si la suspension de l'acte n'est pas intériorisée, l'interprétation sera entendue comme désir de l'analyste,

1. « Tout comme les sentiments tendres, les sentiments hostiles sont un signe d'attachement à la personne du médecin » (*Introduction à la psychanalyse*, 1916-1917a). « Tout sentiment positif devient un jour négatif car les désirs sexuels exigent d'être satisfaits » (*Abrégé*).

2. M. Klein : « Si j'interprète tout de suite cette antipathie comme une angoisse et un transfert de sentiments négatifs, en la faisant remonter à son objet d'origine, j'observe l'avènement d'un transfert positif, cela suppose que j'ai accepté dès le début d'attirer sur moi le transfert négatif. » Mais l'interprétation ne permet-elle pas à l'analyste d'apparaître comme « innocent » et forcément « réparateur » ?

prescriptive, paranoïaque ou érotomane; transfert non reconnu comme transfert, le transfert négatif ferait de toute interprétation une interprétation sauvage, réalisant en acte, dans une sorte de collapsus, ce qu'elle désigne comme réalité psychique du patient; transfert négatif, donc moins sur l'analyste que sur sa fonction qui reste globalement inintelligible.

5.– Une question importante, illustrée par le cas clinique ci-dessous, me paraît celle du passage entre haine méconnue et hostilité interprétable, soit entre:
   - d'une part, ce transfert négatif et sa dérive désymbolisante, où carences et perturbations du lien primaire compromettent les possibilités interprétatives, où l'extérieur est désigné comme origine de la réalité psychique, où l'empiétement menace les fondements mêmes des rapports humains, et où l'interprétation est équivalent de l'acte; « foule à deux », où le poids de la relation hypnotique à la mère enferme le sujet dans une relation de docilité et de collage identitaire, sans désinvestissement possible du perceptif ni constitution du processus hallucinatoire et onirique;
   - d'autre part, un transfert hostile dont la potentialité interprétative repose sur la sortie d'un mouvement d'idéalisation et de croyance, un dégagement de l'objet omnipotent, une expérience transgressive d'individuation, de plaisir de penser, de recherche du vrai, et où se substitue au désir de l'objet le désir d'un savoir sur le lien à l'objet.

Mais la crainte de l'interruption ne risque-t-elle pas de faire éviter indéfiniment l'affect hostile? Et comment se dégage-t-on de la consolidation du lien primaire, qui, si elle apparaît comme une précondition à l'interprétation, risque paradoxalement de repousser indéfiniment celle-ci? Et quand elle devient possible, l'interprétation du transfert négatif, dans un après-coup vertigineux, ne risque-t-elle pas d'apparaître comme une modification brutale des règles du jeu qui ont prévalu jusqu'alors ? L'étalement temporel de la cure devrait pouvoir permettre de faire reculer progressivement et toujours un peu plus le caractère sauvage et inadéquat de l'interprétation…

Poser la question de l'interprétation du transfert négatif avec le choix d'un cas de face-à-face est tautologique, puisque ce cadre désigne un renoncement programmé à l'interprétation du transfert, et ici c'est bien par anticipation d'une forme de transfert négatif difficilement accessible qu'il a été instauré.

Il s'agit d'une jeune femme venue consulter, en institution, pour état dépressif et boulimie, et dont la cure va rapidement présenter deux versants contrastés :

- d'un côté, des récits projectifs, à tonalité paranoïaque ;
- de l'autre, avec une sorte d'ingénuité, sans le moindre affect hostile ou méfiant manifeste, un récit confiant et souriant de tous les préjudices ou malveillances qu'elle subit.

Les séances sont scandées par ses excuses : comme une enfant sage et polie, elle s'excuse d'être mal habillée, d'avoir les cheveux sales, d'entrer dans les détails, de passer du coq à l'âne ou de terminer son récit, bien qu'il soit l'heure de la fin de la séance, debout sur le pas de la porte.

Ces excuses, qui bien sûr désignent l'agression projetée et sa neutralisation simultanée (sorte de pacte de non-agression), expriment aussi un malentendu sur le statut de la parole dans la cure et un agrippement aux codifications sociales ordinaires, à la mesure sans doute de la menace que constitue la séance, qui doit ainsi être perpétuellement réencadrée par l'institution et les règles du savoir-vivre.

Ses plaintes concernent d'abord une histoire sentimentale au cours de laquelle son ami et la famille de celui-ci ont voulu l'utiliser et faire fortune grâce à son métier artisanal ;

le dépit concernant celle qu'elle considérait comme une mère d'adoption semble bien plus vif que la déception amoureuse ; elle a, dit-elle, été placée sur écoutes téléphoniques ; peu à peu tous ses proches deviennent malveillants, veulent profiter ou se moquer d'elle, des projets de mariage sont des pièges et elle est placée sur écoutes. Anticipant une réaction incrédule de ma part, elle se dit prête à subir une expertise psychiatrique ; l'enjeu est désigné ; il s'agit de statuer sur l'origine externe de ses pensées ; et disqualifiant le registre interprétatif, elle met l'analyste en demeure de se prononcer sur la réalité traumatique.

C'est donc l'occasion d'une plainte qui pourrait se formuler ainsi : « Je suis naïve, pas très intelligente, je fais trop confiance, je parle trop, on m'écoute à mon insu. Je suis transparente. » La problématique transférentielle est annoncée : faire confiance, parler est corrélatif d'une manipulation et d'une écoute malveillante ; mais ce transfert n'est que potentiellement hostile et tout à fait inaccessible ; lorsque je demande si « ici aussi, il lui arrivait de douter de la qualité du traitement et du bien qu'on pouvait lui vouloir », elle écarte fermement la possibilité d'avoir des doutes sur le bien-fondé de sa confiance dans la psychothérapie, et sa réponse, volontairement rassurante à mon égard, désigne bien l'interprétation, non comme une interprétation, mais comme émanant symétriquement d'un double construit à son image. C'est tout juste si elle ne s'excuse pas de m'avoir laissé m'inquiéter… On mesure l'étendue du malentendu…

Le thème principal autour duquel s'organise sa plainte est son inintelligence, trait qu'elle partage avec sa mère, qu'elle décrit, en pleurs, comme quelqu'un n'ayant « jamais rien d'intéressant à dire ». L'inintelligence me semble au carrefour de la constitution de l'identification : à la mère, mais aussi par la mère, car celle-ci est insensible, la regarde peu et est toujours « à côté de la plaque » ; inintelligence ou incompréhension aussi devant le brutal éloignement de sa mère à l'adolescence, parce que, celle-ci, s'intéressant à la psychanalyse, trouve sa fille trop docile, ne correspondant pas à ses théories. Cette sorte de révolte prescrite pourrait d'ailleurs éclairer en partie la docilité comme forme subtile d'opposition.

Elle fait le récit de ce qui m'apparaît comme des tentatives pour trouver consistance dans des domaines inaccessibles à ses parents (petite bourgeoisie catholique de province) : à partir d'une rencontre avec une religieuse qui lui offre une étoffe brodée, elle se prend de passion pour une culture lointaine et se met, seule, très tôt, à l'apprentissage de plusieurs langues étrangères dont l'inaccessibilité de l'alphabet constitue sans doute un attrait non négligeable : si on l'écoute à son insu, elle possède, donc, elle, dans une sorte d'investissement de l'inaccessible, quelque chose où l'on ne peut pénétrer. En début de thérapie, elle crée son entreprise, et l'attention portée à des coïncidences de dates (la création de son entreprise a lieu à une date double de celle de sa naissance, constituant ainsi une « seconde naissance ») est sans doute destinée à effacer les traces laissées par l'absence de regard valorisant sur elle.

Les plaintes concernant des gens intelligents qui veulent l'utiliser ou lui mentent avec des projets diaboliques se multiplient, mais son dernier choix amoureux constitue un tournant dans la cure : le seul par lequel elle ne se sent ni écoutée ni manipulée, pas trop « intelligent », peu intéressé par la sexualité, il est voyant-astrologue au chômage…

Il est le premier qui l'ait vraiment comprise. Il lui fait son thème astral et confirme une de mes interventions (!) sur son désir de puissance : elle peut alors enfin s'épanouir et décider de ne plus se faire avoir. Elle devient forte et conquérante, son entreprise démarre et elle rompt avec tous ceux qui cherchaient à profiter d'elle. Le danger du regard ou de l'écoute semble contrôlé, détourné officiellement à son service ; il la conseille, l'aide à trouver son style, l'accompagne secrètement à ses rendez-vous professionnels, se tenant dans l'ombre, et se dit prêt à s'effacer pour d'autres amants. Elle a envie de réussite, de considération. Elle se sentait comme Camille Claudel, elle se voit peu à peu en Rastignac.

« L'exhibition est l'antidote de la paranoïa », écrivent les Botella. Elle passe du « délire » d'être épiée ou écoutée au plaisir progressif de l'exhibition d'un corps qu'elle met en valeur ; elle trouve son style « Belle Époque », qui enjambe ainsi la génération de ses parents, et sa recherche esthétique de raffinement s'accompagne de l'achat d'un manuel de savoir-vivre ; l'apparence est reine ; elle veut briller et être regardée ; l'idéalisation du corps passe par la négativation de la satisfaction pulsionnelle ; elle maigrit et n'a pas de relations sexuelles ; l'investissement du visible, devient prévalent, passant de l'impossibilité à être regardée, au plaisir de se faire admirer. Elle s'en excuse, mais doit me dire qu'elle était la plus belle à une soirée et qu'on l'a beaucoup regardée.

Elle développe ce qu'elle appelle son côté masculin, androgyne, se sent devenir fonceuse, séductrice, don Juan, et fait l'expérience, avec ivresse (par exemple, au travers du projet de nouer des relations amoureuses pour en tirer profit), de la non-transparence et de la possibilité de mensonge et de duplicité.

J'arrêterai là le récit de cette cure pour revenir à la question de l'interprétabilité du transfert négatif.

D'abord à propos des deux conditions freudiennes :

1.– Plutôt que de transfert positif modéré, c'est une docilité complaisante, la « foi dans le guérisseur » (et la violence de la suggestibilité) qui me paraissent en jeu ; ni ma fonction ni le cadre ne semblent très intelligibles et l'institution est à peu près ignorée ; si l'analyste n'est pas persécuteur, si l'on baigne dans un climat de bonnes relations, c'est sans doute qu'il n'a pas le statut d'objet, si ce n'est d'objet narcissique vis-à-vis duquel tout détachement semble difficile.

2.– La question de l'interprétation : ici, puisque le retour sur soi n'a pas de sens, elle est forcément « loin du moi », rétorsive, prescriptive ou désaveu de réalité ; si l'on s'arrête sur l'exemple d'une interprétation d'essai qui disait en substance : « Vous craignez qu'ici aussi on vous écoute ? », on pouvait envisager plusieurs modalités d'accueil : la possibilité pour la patiente de saisir que c'est sa crainte, sa réalité psychique, qui est notre référent, supposerait que celle qui me dit qu'on l'écoute ne soit pas exactement superposable à celle qui est écoutée ; et l'option d'anticiper et de mettre à jour un transfert hostile suppose aussi, pour avoir un sens, la disjonction potentielle entre la personne et la fonction de l'analyste ; elle comporte sinon le risque d'apparaître comme pure rupture du lien ou comme confusion brutale du contenu et de l'acte interprétatifs : comment la mise en lumière du transfert hostile latent aurait-elle pu être entendue autrement que comme l'acte d'« écoute téléphonique » lui-même ? Et compte tenu de la resexualisation du lien social, comment peut-elle être accueillie comme n'émanant pas de l'objet malveillant lui-même ? Le transfert narcissique la lui fait entendre comme émanant d'un sujet blessé d'être pris pour quelqu'un qu'il n'est pas – avec revendication d'unité et de transparence – et comme reproche possible sur son absence de délicatesse. On est aux antipodes de la recevabilité de l'affect hostile et de la dissociation porteuse « fonction-sujet » de l'analyste, qui déplaceraient l'éclairage de la question de l'origine de la méfiance. Quelles formulations « près du moi » auraient pu être formulées ? Le renoncement à l'interprétation peut évoquer la communauté du déni ; restait donc la voie de la construction : elles-mêmes ont été entendues comme des objectivations, accueillies d'ailleurs avec ferveur, lui confirmant qu'elle n'était agie que du dehors (« Vous m'avez montré comment mon père avait empêché ma féminité »).

3.– Je m'interroge sur la structure spéculaire du Moi et la place qu'y occupent le regard et la vision : si mon regard et mon attention, réfractés en elle, lui donnent peu à peu contours et consistance, si l'inintelligence – sentiment d'absence de limites intérieur-extérieur – devient, à m'être ainsi formulée, précisément précurseur d'une représentation de soi, on peut supposer que le plaisir de la rêverie lié à la certitude, ici constamment menacée, que les pensées peuvent être tenues secrètes, est problématique pour elle.

La carence auto-représentative, liée à l'irreprésentable de sa propre absence dans le regard de l'objet (au lieu de se voir dans le regard de sa mère, c'est sa mère qu'elle voit et elle se souvient de ses longues caresses) détermine les conditions de l'interprétation : sans écran interne, si ses propres pensées ne sont pas objet d'un retour sur elles-mêmes, elles sont perpétuellement en acte, jamais en réserve, en puissance, et la patiente est toujours en situation d'être vidée ou pénétrée[1]. Le désinvestissement sensoriel qui ferait de l'analyste un simple reste diurne laisserait libre un espace de projection pour la représentation, le scénario du rêve et de la rêverie, l'interprétation à la place de cette saturation interprétative.

4.– La fonction du voyant extralucide :

a.– Alors qu'il s'agit de créer un dedans, objet de son propre regard, qui constituerait un préalable à l'interprétation, la rencontre avec le voyant, objet magique et omnipotent (mais contrôlé par elle) qui la regarde de sa « vue acérée », lui permet, me semble-t-il,

1. « Par cette réflexion sur lui-même, le sujet se crée une enceinte psychique » (Pasche, 1988, p. 87).

plusieurs opérations : maintenir et capter le regard de l'objet, deviner et anticiper les variations de l'entourage, mais de plus, il lui permet de déléguer à l'extérieur la fonction observante qui lui manque à l'intérieur ; et c'est leur fonctionnement de couple, où il assure la fonction de l'instance auto-observante, qu'elle soumet à mon écoute et mon regard (elle se montre à moi, elle regardée par lui).

b.– Je constate que cette relation s'accompagne de la naissance de l'autoérotisme avec ce que cela suppose de clivage minimal, de disjonction interne, cela même que visait le renforcement du lien primaire dans cette cure : mais duplicité et mensonge sont sa façon d'expérimenter l'écart interne, ce que l'analyste ne peut entendre sans un certain malaise…

c.– Quand l'ami émet une prophétie, elle n'a d'autre choix, dans une sorte de docilité hypnotique, sans espace ni jeu possible, que de la réaliser. Il « la » prédit, ils sont une « foule à deux », et mon rôle d'objet narcissique est sans doute ainsi légèrement déplacé, du regard à l'écoute. On passe de mon regard sur elle, l'énigme à élucider, au regard partagé sur son récit, peut être grâce au couple d'instances psychiques qu'elle constitue avec lui.

L'attente d'une hostilité interprétable nous renvoie sans doute au caractère surmoïque du contre-transfert, comme attente préinstituée à la rencontre singulière, mais recoupe peut-être aussi, par le désir de décollement qu'elle suppose, la métaphore météorologique de Freud à propos de l'inéluctabilité de l'hostilité dans le transfert : « Le beau temps ne peut pas toujours durer », métaphore qui, dans *Malaise* (1930a), sera reprise avec cette phrase de Goethe : « On peut tout supporter au monde sauf une suite ininterrompue de beaux jours. »

RÉFÉRENCES BIBLIOGRAPHIQUES

Donnet J.-L. (1995), *Le divan bien tempéré*, Paris, Puf.

Freud S. (1895d [1893-1895]), *Études sur l'hystérie*, Paris, Puf, 1967 ; *OCF.P*, II, Paris, Puf, 2009.

Freud S. (1912b), La dynamique du transfert, *La technique psychanalytique*, Paris, Puf, 1953 ; *OCF.P*, XI, Paris, Puf, 1998.

Freud S. (1913c), Le début du traitement, *La technique psychanalytique*, Paris, Puf, 1953 ; *OCF.P*, XII, Paris, Puf, 2005.

Freud S. (1915a [1914]), Observation sur l'amour de transfert, *La technique psychanalytique*, Paris, Puf, 1953 ; *OCF.P*, XII, Paris, Puf, 2005.

Freud S. (1916-1917a [1915-1917]), *Conférences d'introduction à la psychanalyse*, Paris, Gallimard, 1999 ; *OCF.P*, XIV, Paris, Puf, 2000.

Freud S. (1920a), De la psychogenèse d'un cas d'homosexualité féminine, *Névrose, psychose et perversion*, Paris, Puf, 1973 ; *OCF.P*, XV, Paris, Puf, 1996.

Freud S. (1925d/1984), *Freud présenté par lui-même*, Paris, Gallimard.

Freud S. (1926e), *La question de l'analyse profane*, Paris, Gallimard, 1950 ; *OCF.P*, XVIII, Paris, Puf, 1994.

Freud S. (1930a [1929]), *Le malaise dans la culture*, Paris, Puf, 1995 ; *OCF.P*, XVIII, Paris, Puf, 1994.

Freud S. (1940a [1938]), *Abrégé de psychanalyse*, Paris, Puf, 1985 ; *OCF.P*, XX, Paris, Puf, 2010.

Neyraut M. (1973), *Le transfert*, Paris, Puf.

Pasche F. (1988), *Le sens de la psychanalyse*, Paris, Puf.

Viderman S. (1970), *La construction de l'espace analytique*, Paris, Denoël.

Réflexions à propos de l'agir de parole[1]

« Et vous me répondrez » ? demande cette patiente après que je lui ai énoncé la règle fondamentale.

Cette demande me saisit, tant elle traduit l'exigence d'une réponse immédiate. Y répondre, ou pas, et sur quel mode, ouvre sur des questions infinies. On peut entendre bien sûr une inquiétude, une angoisse sur la nature de la relation analytique et sur ce qu'elle pressent qu'elle va vivre sur le divan, mais pour l'interpréter, encore faudrait-il disposer du matériel d'une analyse déjà en cours. Cette inquiétude prend l'allure d'une demande de règle du jeu, de mode d'emploi, qui me fait mesurer l'étendue des malentendus possibles et de ce que la patiente aura à découvrir de la méthode analytique. Puis-je attendre en confiance – et en silence – l'après-coup interprétatif à cette situation limite ?

On est ainsi parfois confronté en séance à une parole aux accents étranges, qui semble faire irruption et effraction dans le cours bien réglé de la situation divan/fauteuil.

Certaines énonciations ou questions, avec leur aspect impératif, exigeant une implication personnelle et une réponse

---

1. Notion introduite par Jean-Luc Donnet (2005).

Chapitre paru dans *Penser l'agir*, Paris, Puf, « Débats en psychanalyse », 2018, p. 99-113.

sans délai, nous délogent d'une position purement interprétative, faisant surgir du même coup des questions autour de la nature même du transfert.

Dans « Répéter, Remémorer, Perlaborer », Freud oppose répétition et remémoration, en soulignant que la dimension d'agir, présente dans la répétition, vient en lieu et place du souvenir. Le patient, déchargeant en actes ses conflits inconscients, ne les reproduirait pas « dans le domaine psychique », à savoir celui des représentations et de la remémoration.

Mais cette notion de répétition agie est une notion complexe et hétérogène puisque les exemples de Freud vont de la patiente qui interrompt le traitement au bout d'une semaine au patient qui se conduit de façon méfiante, en passant par celui qui devient mutique à l'énoncé de la règle fondamentale, ou par cet autre qui a honte de son traitement.

C'est donc le même terme, *Agieren*, qui désigne aussi bien la décharge comportementale en acte que la répétition transférentielle à l'œuvre dans le silence ou le récit, dans la façon de s'adresser à l'analyste ou de refuser de parler. Ce texte ouvre ainsi sur une redéfinition du transfert comme véritable mise en acte.

En effet, non seulement le patient « répète au lieu de se souvenir », mais « même quand il respecte les règles du traitement », précise Freud, donc quand il parle sans agir, la remémoration n'est jamais une pure remémoration, c'est une adresse active à l'analyste.

C'est ainsi que se dessine un double enjeu dans la cure : le processus va se resserrer sur l'actualisation du transfert – le combat contre les résistances serait impossible autrement, « nul ne peut être abattu in absentia » – et inversement, les exemples montrent combien la mise en acte va constituer parfois une autre façon de se souvenir.

À cet égard, la clinique nous confronte à des registres très différents de fonctionnement des patients, selon la fluctuation de leur rapport à leur propre énonciation, qui oscille entre la reproduction dans le domaine intrapsychique, par les mots, les souvenirs, les images, la parole apparaissant alors comme secondarisation, sublimation des pensées en images, et la dimension intersubjective de certaines modalités de parole, plus marquées par la pulsionnalité, l'échange actif, que par un travail de mise en mots et en représentations.

La situation analytique semble alors perdre brutalement sa dimension de jeu et d'irréalité, le transfert, celle d'un déplacement symbolisant, et le langage, celle de ses ambiguïtés porteuses.

Différents indices nous indiquent qu'il ne s'agit plus de l'expression d'un transfert modéré, qui inclurait la voie sublimatoire et un principe de plaisir intégrant l'inhibition de but de la pulsion.

Parfois simplement le ton, par exemple démonstratif, ou la virulente prise à témoin, ou une description narrative fortement teintée de mécanismes projectifs vont en signer l'irruption. Le patient semble tout d'un coup ne plus s'adresser à l'analyste en fonction et, dans un curieux changement de destinataire, avec des échanges proches des échanges ordinaires de la vie courante, donne l'impression de dénier, avec plus ou moins d'intensité, la fonction interprétante de l'analyste au profit d'une interpellation de sa personne.

Il y a ainsi plusieurs types d'énoncés en séance, pouvant aller d'une simple façon inconsciente d'agir sur l'analyste, une parole qui agit – par la prosodie, l'élocution ou le contenu des propos – à une forme de parole qui, pour s'en tenir à une simple description, se présente sous forme d'une adresse directe à l'analyste, sur un mode compulsif (Danon-Boileau, 2007). Tout se passe alors comme si le patient excluait de son espace psychique toute réflexivité, représentation, et que l'analyste était interpellé à côté et hors de sa fonction.

Pour illustrer le premier cas de figure, où la parole agit, j'évoquerai cette patiente : pas une phrase sans hésitation, bégaiement, retour en arrière, soupir, doute, balbutiement, hachure, dénégation. Pas une phrase qui aille à son terme : « heu », « voilà je pense que », « enfin bon », « je ne sais pas si c'est vrai », « je ne suis pas sûre », « je vous l'ai déjà dit », « je dis ça mais »… et je ne sais toujours pas de quoi elle parle. À un moment, il est question de quitter ou pas son ami. Elle le quitte, revient, repart, parfois entre deux séances, il y a eu trois déménagements. Et dans la séance, pas un mot sans son annulation. Elle décrit comment, alors qu'elle partait et se libérait de lui, elle est prise d'une sciatique qui empêche tout mouvement. Je lui dis un jour que ses hésitations à parler sont comme une forme de sciatique, elle rit et saisit en quoi son langage est imprégné, envahi de sa problématique.

Mais contre-transférentiellement, il y a quelque chose de très éprouvant : mon énergie est concentrée à attendre la fin de la phrase, je me sens tendue, ce style haché m'épuise, mon attention ne peut flotter, je dois m'accrocher au contenu explicite si difficile d'accès. Nous comprendrons plus tard qu'il s'agit de me rendre attentive, hyper attentive, contrairement à ce que fut sa mère pour elle. Il s'agit aussi en repoussant toujours la fin de la phrase de retarder la sanction du père, autrefois toujours insatisfait et sévère quand elle prenait la parole, et c'est aussi une façon d'empêcher la fin des séances car elle est, bien sûr, toujours au milieu d'une phrase…

On trouve là une problématique dans laquelle la parole a une fonction inconsciente de contrainte et d'action sur l'analyste. Mais il s'agit bien d'une parole qui se cherche et dont les difficultés d'expression signent l'intuition d'un écart entre ce qui est dit et ce qui voudrait être dit, entre l'énoncé et son énonciation, et donc le sentiment qu'il y a quelque chose qui échappe et sur lequel il faudrait mettre la main… Les mots chez cette patiente ne disent pas mais ils font ; ils réalisent une forme d'action sur l'analyste, peut-être au niveau de ce qui a résisté au travail de représentation et remémoration. Laurence Kahn (2012, p. 91) souligne que l'analyste écoute ce que le patient ne lui dit pas, mais lui fait. Son écoute porte sur « ce que les mots ne peuvent et ne veulent pas dire : la part qui ne se fait connaître que par les actes que réalise l'énonciation de la parole en analyse ».

Mais il en va autrement des agirs de parole proprement dits. Interpellations, injonctions, questions directes, autant d'interventions qui, dans le dispositif analytique, apparaissent étrangement incongrues ou inappropriées. Le patient semble ne plus du tout associer mais décharger en parole une tension psychique en s'adressant directement à l'analyste en personne. Loin de se laisser surprendre par des pensées incidentes non voulues, le couple activité-passivité présent dans la formulation des associations libres n'est nullement investi.

Par exemple, un patient demande à l'analyste s'il ne l'a pas vexé en parlant de son désir d'arrêter sa cure, une autre demande fréquemment « vous croyez que je vais m'en sortir ? », un autre, après avoir exprimé des affects violemment hostiles, rassure « ne vous inquiétez pas, c'est du transfert », ou cet autre, après le récit d'un rêve, « alors, vous n'interprétez pas ? », et tel autre questionne régulièrement « vous voyez ce que je veux dire ? » Sans oublier le « Taisez-vous ! » de Emmy von N. à Freud…

Selon les situations et le degré d'intensité pulsionnelle sous-jacente, ce registre de parole peut passer inaperçu, et certains analystes s'attacheront moins que d'autres au caractère d'agir qu'il recèle et véhicule et interpréteront le contenu du propos ; ainsi ils accepteront la répartition du travail consistant en production « objective » d'un matériel d'un côté, et interprétation de l'autre, s'adressant ainsi au moi du patient observateur de sa partie inconsciente, en délaissant l'aspect de l'énonciation.

Ces moments ont en commun de pouvoir d'emblée susciter un certain malaise chez l'analyste, comme délogé de son type d'écoute habituelle et d'attention flottante. Il est, avec plus ou moins d'insistance, convoqué sur un terrain interpersonnel, souvent sur le mode questions-réponses, où, dès lors, le cadre – qu'il s'agisse de la position allongée pour le patient, ou de la réserve de l'analyste – n'ayant plus sa fonctionnalité tierce, paraît du même coup inadapté. La neutralité, au sens d'une continuité dans la disponibilité, est mise à mal. On devine d'ailleurs chez le patient une sorte d'intolérance à la neutralité.

On a l'impression que la spécificité de la situation analytique est annulée, disqualifiée, l'adresse à l'analyste exigeant explicitement une réponse autre qu'interprétative. Ceci n'est d'ailleurs pas sans évoquer les caractéristiques du transfert négatif, en tant qu'hostilité moins à la personne de l'analyste qu'à la méthode analytique elle-même.

Les pensées incidentes sont tues, le patient ne semble pas s'entendre lui-même ni avoir l'intuition d'un écart entre son énoncé et son énonciation, comme si lui-même se réduisait à son propos, clairement univoque, sans conflictualité interne, sa parole paraissant soumise à une sorte d'exigence interne, l'amenant à s'adresser à un analyste dissocié radicalement de sa fonction.

On pourrait le qualifier d'agir de parole parce qu'il y a une différence entre dire parce qu'on ne peut pas faire et dire sans renoncer à faire. Dans le premier cas, la parole, qui prend valeur d'acte, parce que tout acte étant proscrit, devient elle-même acte en se formulant, devenant d'ailleurs ainsi un nouvel objet singulier. Dans le deuxième cas, la parole est énoncée sans renoncer aux retombées réelles entre les protagonistes ; il s'agit alors d'une parole-action, qui bombarde, qui invective, qui interpelle, en décharge directe, sans sublimation du mouvement pulsionnel sous-jacent.

Il en est ainsi de cette patiente, qui, il y a longtemps, m'avait beaucoup marquée par son utilisation étrange de la parole sur le divan, et qui avait commencé son analyse par un curieux « je vous parle à vous ou… ? », sans finir sa phrase, tentée sans doute de parler seule, dans une sorte d'hallucination négative de ma présence. D'emblée ainsi la question de mon statut, absence ou présence fantomatique, est posée et, de façon vertigineuse, engage le sens même du transfert : à qui parle-t-on en analyse ? Question qu'elle semblait vouloir dès le début à la fois réifier et esquiver… Parler à une personne ou aux murs ?

La cure elle-même m'apparaîtra pendant de longs mois comme un immense agir de parole. Elle va effectivement me raconter ses conflits et préjudices, me prendre à partie, comme si j'étais en face d'elle, dans une sorte de négation du cadre et de sa position allongée, puisque tout en parlant elle fait des gestes censés illustrer ses propos.

Le débit ininterrompu, les récits vindicatifs, les bruyantes onomatopées, les « d'accord ? » ponctuant ses démonstrations, tout cela me paraît caractéristique non seulement d'une décharge pulsionnelle mais encore d'une exclusion radicale d'un double sens à ses propos : il ne saurait y avoir d'interprétation puisqu'il n'y a aucune polysémie.

Sa parole, qui dit l'expérience plutôt qu'elle ne la lit, la traduit, l'interprète, ne la surprend jamais, les pensées incidentes sont tues, elle ne s'étonne ni de la situation, ni du paiement, ni de la règle fondamentale. Rien n'est commenté, critiqué, questionné.

Je suis frappée par ce type d'énonciation sans écarts ni déplacements, sans différence dans la répétition, sans plaisir ni investigation du monde interne, compacte et narrative, sans retenue, sans réécriture intérieure, comme une décharge autosuffisante.

Et s'il n'y avait aucune critique ou interrogation sur le cadre, excepté la première question, tout son propos concentrait son intolérance au cadre, à ma position derrière elle, à mon écoute : l'agir de parole consistait en un violent refus inconscient – et méconnu – du dispositif analytique.

Je comprendrais que cela fait écho à sa problématique d'intrusion maternelle anale, dont il s'agit de se protéger avec une parole « bouclier » ou comme en « tir groupé », ce qui permettrait de neutraliser l'adversaire.

Sans doute l'auto-observation, défaillante, instance tierce où elle se serait entendue, aurait créé une sorte d'enceinte psychique, un dedans – objet de son regard – et un dehors, alors que, dans son cas, le dedans est toujours potentiellement à attaquer, vider, fouiller.

Ainsi cette décharge en paroles exprimait bien les liens entre le corps et le langage : encoprétique et bégayeuse enfant, elle est énurétique la nuit qui suit la première séance sur le divan. Et la fin de l'analyse mettra en lumière la valence corporelle de la parole : la donner, la recevoir, la retenir, l'expulser, la provoquer, etc.

L'analyste se trouve donc souvent pris dans une situation bien paradoxale : le plus aigu de la répétition est là sous ses yeux et donc l'interprétation serait virtuellement la plus porteuse, comme en un point de « douleur exquise » ; l'agir constitue, dans cette optique, une condition de la mise en route de l'élaboration, la conviction supposant une dimension d'éprouvé, de dé-symbolisation. Cependant, il faut bien pour cela que la parole, en se disant, permette ce décollement, vecteur de sens profond et méconnu.

L'enjeu serait de permettre que l'agir de parole, en s'énonçant, éclaire dans une sorte d'instantanéité, de circuit bref, la répétition inconsciente et favorise ainsi une introjection, peut-être impossible autrement.

Qu'une fois le mot dit, il puisse attirer et diffracter les motions inconscientes et retrouver ainsi sa potentialité métaphorique.

Cela d'ailleurs permettrait au patient de s'identifier au travail de l'analyste et au cheminement qui l'amène à formuler une interprétation. Il s'agirait de passer de l'univocité d'un sujet qui se confond avec son énoncé à un mouvement d'intérêt et de curiosité pour son énonciation : un intérêt pour les motifs plus ou moins obscurs qui l'amènent à parler, à utiliser telle ou telle formulation, et ainsi à s'arrêter sur tel mot qui tinte aux oreilles de l'analyste comme porteur de significations inconscientes.

Mais comment, alors que le patient ne manifeste aucune intuition d'un sens inconnu de ses propos, que l'analyse semble un pur déversoir, comment favoriser un mouvement réflexif ? Déplacer l'investissement de la relation en transfert sur la parole ? Comment déplacer l'accent du plaisir de la réalisation hallucinatoire agie à celui de l'énonciation de l'acte de pensée ? Comment, si le sujet ne s'entend pas, une interprétation peut-elle ne pas faire effraction ?

Car le risque est toujours de confirmer la confusion entre l'objet des projections qu'est l'analyste à ce moment-là et l'analyste dans sa fonction d'interprète.

Pour la patiente en question, alors qu'elle déverse sa colère contre sa mère « dans son dos, qui fouille dans ses affaires ou lui tire les vers du nez », comment ne pas devenir, en interprétant, cette mère intrusive ?

Dans le cas présent, l'interprétation, censée me distinguer de la projection dont je pouvais être l'objet, m'aurait paru annuler l'écart que la patiente tentait d'établir entre moi et l'imago maternelle, puisque précisément l'interprétation aurait renforcé l'image d'un objet tout-puissant qui devine et fouille…

L'interprétation est-elle possible sans un espace de transitionnalité du transfert, sans un minimum d'intuition de son caractère trouvé-créé, de son ambiguïté et des déplacements en jeu, sans investissement donc de la neutralité de l'analyste ?

Si la négativation de la scène interne s'accompagne d'une sexualisation du transfert, ici sur un mode sadomasochiste, la question centrale me semble celle de la désexualisation du transfert et de l'investissement apaisé de la situation analytique. Il me fallait rester le témoin qu'elle prend à partie plutôt que de coller à l'objet de sa colère.

À l'inverse, les interprétations systématiques du transfert risquent de favoriser, en l'absence d'un transfert positif modéré, « le courant tendre », et d'un investissement sublimatoire, la recherche d'une relation toujours plus réelle, interactive, avec l'analyste, au détriment du travail associatif.

Un patient peut-il entendre comme une interprétation, et non comme une rétorsion, une justification, un contre-agir (qui reviendrait à dire « quoi que tu dises, je l'interprète »), une interprétation à propos d'une qualification négative du cadre et des méthodes analytiques, en particulier sur le paiement ?

Car le cadre, loin de la confiance a priori qui lui assurerait la place suffisamment bonne d'un cadre de travail, est l'objet d'attaques. La seule attention portée à l'autonomie de la réalité psychique et des objets internes, l'irréalisation de la réalité extérieure, l'absence de retombées réelles des propos, l'interdit de la motricité, la simulation d'une situation propice aux rêveries, sont autant de conditions qui devraient logiquement contenir certains types d'agir de parole. Pourtant, dans certains cas, elles ne jouent pas leur rôle.

Difficile d'ailleurs de rester imperturbable tant les attaques peuvent être vives sur les éléments du dispositif (paiement, horaires, etc.). Et pour l'analyste, il est urgent de retrouver une disposition intérieure favorable, de disponibilité interprétante, quand cette autre patiente, en cure dans un centre dans lequel les traitements analytiques sont gratuits, s'exclame, après une interprétation, « Eh ben, quand je pense qu'il y en a qui paient pour ça ! »...

Seule l'élaboration contre-transférentielle de ses mouvements internes peut aider l'analyste à retrouver un écart entre le sujet qu'il est et la fonction qu'il occupe, lui permettant dès lors de témoigner plus librement du fait qu'il peut avoir été touché.

Et si parfois il est presque souhaitable de répondre par un contre agir, une boutade humoristique par exemple, qui, en accentuant la position assignée dans le transfert à ce moment-là, permettrait de faire entendre au patient sa propre dimension projective, le rôle de l'analyste pourrait être défini par la possibilité pour le patient de remplacer un principe de plaisir en première topique (sur le mode décharge et réduction des tensions) par un plaisir intégrant la tension de la non-satisfaction sur un mode sublimatoire.

Didier Anzieu (1969) avait décrit ce qu'il nommait les transmutations sémantiques : le passage d'un plaisir corporel au plaisir de la parole chez le bébé ; l'enfant nourri associe au plaisir de boire le plaisir de boire sa mère des yeux et de boire ses paroles, paroles qui, avec leurs intonations de plaisir, vont définir son propre corps et ses sensations. Le plaisir de la parole vient redoubler le plaisir corporel de la tétée et le plaisir vient alors se mouvoir sur deux plans ; l'allusion au plaisir est elle-même un plaisir et permet d'échapper à l'infinie répétition du plaisir corporel toujours à renouveler.

Le plaisir des mots justes qui permettent d'y reconnaître ses pensées, ses émotions, ses désirs ajoute une dimension de plénitude psychique au plaisir sensoriel.

L'interprétation réussie, peut-être surtout celle que le patient se donne à lui-même, permet chaque fois de réparer les cassures initiales d'avec le corps maternel qu'on devine dans ces répétitions agies de transfert.

En effet, si, au début, la continuité règne entre la mère et l'enfant, et permet la première autonomie nécessaire qui consiste à reproduire pour soi-même ce que l'objet apporte, des cassures, des discontinuités dans cette expérience empêchent une sorte d'unification narcissique suffisante porteuse d'un investissement de son propre fonctionnement (C. et S. Botella, 1982).

La décharge et le lien direct à l'objet peuvent dès lors se trouver plus recherchés que le jeu activité-passivité propre à la position analysante. Toute dépendance à l'objet est chargée d'une menace de passivité et détresse que l'on peut, après-coup, reconstruire dans la question initiale : « Et vous me répondrez ? »

RÉFÉRENCES BIBLIOGRAPHIQUES

Botella C. et S. (1982), Sur la carence autoérotique du paranoïaque, *Revue française de psychanalyse*, t. XLVI, n° 1.

Danon-Boileau L. (2007), la force du langage, *Revue française de psychanalyse*, t. LXXXI, n° 5.

Kahn L. (2012), Qualifier et reconnaître, à propos de l'agir transférentiel, *Comprendre en psychanalyse*, Paris, Puf.

Effets de transformation de l'écoute collective[1]

C'est l'impact contre-transférentiel assez violent d'un début de psychothérapie qui m'a amenée à exposer le cas de cette patiente à un groupe d'analystes[2].

Cette présentation s'inscrivait dans le cadre d'une réflexion menée au Centre Jean-Favreau sur l'articulation entre ce qui se déroule entre patient et analyste, d'une part, et les échanges entre analystes, d'autre part. Parmi nos questions, nous nous interrogions sur le rôle de l'écoute d'un récit de séances, par un groupe d'analystes sur le contre-transfert de l'analyste et sur le lien entre le processus de discussion du groupe et le mouvement des séances[3].

Notre méthode consistait dans un premier temps à ce qu'un analyste expose de façon brute le matériel de trois séances consécutives sans apporter d'éléments sur l'histoire du patient ni sur la cure engagée. Le groupe faisait alors part de façon assez libre de ses questions, réflexions, constructions,

---

1. Ce travail est le résultat d'une présentation collective avec J.-L. Donnet et F. Coblence, au colloque du CCTP de janvier 2002 (article paru dans la *RFP*, t. LXVI, n 5, 2002).

2. Groupe composé d'analystes du Centre Jean-Favreau, se réunissant régulièrement autour de cas cliniques.

3. Étude menée au Centre Jean-Favreau et présentée au colloque annuel de janvier 2002.

associations sans que l'analyste prenne part à cette discussion ; celui-ci réintervenait, dans un deuxième temps, présentant le contexte, l'histoire du patient et de sa cure, et ses propres réflexions sur la discussion ; quelques mois plus tard, une deuxième séquence de trois séances était présentée et une discussion sur le même mode avait lieu ; ces séances de travail étaient enregistrées, ce qui permettait à certains d'entre nous de réécouter les discussions et d'en rapporter au groupe la teneur et les mouvements significatifs.

Notre objectif était de comparer les deux séquences de séances et de discussions et de nous demander si le contre-transfert de l'analyste pouvait d'une certaine façon être transféré sur le groupe et y être élaboré.

L'option choisie ici est donc bien d'aborder les transformations psychiques sous l'angle d'une tension contre-transférentielle particulière, propre à la présentation clinique devant un groupe de collègues.

LA PROBLÉMATIQUE : TRAUMA ET CONTRE-TRANSFERT

Il serait difficile de préciser d'emblée ce qui était inducteur d'embarras dans ce traitement. Les nombreux traumatismes subis par cette patiente étaient certes impressionnants, mais sans doute l'étaient-ils surtout au regard de la façon dont elle les traitait. L'émotion qui me gagnait pendant les séances, ou le fait d'avoir prolongé une fois une séance d'un quart d'heure à mon insu, m'avait amenée à souhaiter en parler au groupe.

Il s'agit d'une jeune femme de 35 ans, Française, d'origine comorienne, dont l'enfance, l'adolescence et le destin sont marqués par un registre traumatique, à la fois cumulatif et hétérogène. Elle est née d'un couple non marié que son arrivée a rompu, sa mère interdisant tout lien père-fille après le départ du père. Ses deux parents étaient des militants indépendantistes, et sa mère, arrêtée peu avant l'indépendance, avait été emprisonnée et, plusieurs fois, sérieusement passée à tabac par l'armée française (elle a touché une pension d'invalidité).

Elle s'est remariée avec un homme, dont elle a eu plusieurs enfants, et le couple s'est installé dans l'est de la France. Mais elle semble avoir eu à l'égard de la patiente une relation de rejet haineux et de persécution intense.

On relève ainsi :

– deux placements précoces en nourrice ;
– une reprise par sa mère entre 4 et 7 ans, marquée de sévices et mauvais traitements d'une grande violence (dont la patiente garde des séquelles sur le visage), physiques et moraux ;
– puis, grâce au signalement du milieu scolaire, de nouveaux placements en familles d'accueil (le mari d'une des nourrices se livre sur elle à des attouchements sexuels), puis une période en foyer, dont elle est retirée, malgré sa demande à l'assistante sociale, pour être rendue à sa mère ;
– une période de réclusion aux Comores, imposée par sa mère, dans la famille du beau-père dont elle s'échappe dès sa majorité.

De retour en France, sans revoir sa famille, elle entreprend des études de médecine qu'elle doit interrompre faute de moyens financiers ; elle deviendra infirmière et arrive à Paris peu avant sa demande de traitement au Centre. On note aussi des exploits sportifs, d'endurance, de haut niveau.

Je tenterai de repérer les éléments contre-transférentiels tels qu'ils m'habitaient avant, pendant, et après la présentation de ce cas au groupe et réfléchir aux modifications ainsi éventuellement dégagées.

PREMIÈRE SÉQUENCE DE SÉANCES

Dans les séances rapportées, la patiente exposait d'abord sa difficulté à venir aux séances, ce qui nécessitait un immense effort, et sa honte à bénéficier de ce genre d'aide, un « luxe pour personnes stressées par le monde moderne, alors qu'il y a des gens vraiment malheureux ».

Elle fait quelques brèves allusions à son passé, l'absence de protection de son beau-père ou de ses frères et sœurs ; ajoute qu'adulte, elle croise ceux-ci un jour à la fac et qu'ils ne la reconnaissent pas. Elle dit son absence de désir de revoir un jour sa mère, son absence d'interrogation sur ce que celle-ci peut imaginer qu'elle est devenue ; elle évoque, en contraste, l'importance qu'avait eu pour elle un couple chez qui elle avait séjourné enfant ; l'homme était un ancien résistant et elle se sentait très proche de ses valeurs protestantes et de sa conception du monde.

Elle faisait état de moments d'extrême détresse, prostrée, à ne voir personne, incapable de se lever et sortir de chez elle, avec l'envie de disparaître ; mais elle montrait aussi la dureté ou la volonté dont elle pouvait faire preuve, son besoin d'être toujours irréprochable et son sentiment de n'appartenir à aucun groupe, d'être à part, profondément non conforme aux exigences sociales. Elle racontait son incompréhension devant l'intérêt que les autres prennent à leur « petite vie » et disait son besoin de « forcer le respect », quitte à rester silencieuse pour ne pas décevoir ou se montrer banale ; elle évoque aussi son projet de rompre avec son ami, un Arménien, qui lui aussi sait ce que persécution veut dire, mais qu'elle trouve faible, peu engagé avec elle, trop enclin aux compromis.

Elle dit enfin son indignation devant la façon dont la surveillante traite une aide-soignante d'origine étrangère mais dit aussi son absence de réelle compassion, sa désillusion sur le respect des lois, l'interdiction du racisme, le civisme, et évoque son sentiment d'impasse politique et sociale.

La présentation des séances laisse bien sûr le groupe assez songeur devant l'ampleur des traumas entrevus. En même temps, il est embarrassé, peut-être comme l'analyste, devant les défenses de caractère de cette patiente qui, d'une certaine façon, « force le respect ».

Éléments contre-transférentiels

Pour tenter d'abord de résumer les éléments contre-transférentiels présents chez moi avant cette première présentation au groupe, je relèverai en ce début de psychothérapie :

- Un certain « état de choc » lié non seulement au caractère traumatique de son histoire, mais aussi à ce qui se dessinait chez elle en « négatif » : elle dit ne ressentir aucune haine pour sa mère, n'attendre rien de personne ; elle n'a pas raconté son enfance à son ami ; elle n'est pas crue par l'assistante sociale qui la rend à sa mère, sans doute, dit-elle, parce que son « récit est trop sobre » ; elle n'est pas reconnue, adulte, par ses frères et sœurs ; elle ne se demande pas si sa mère se demande ce qu'elle est devenue depuis toutes ces années… À une question sur ce sujet, elle répond en effet par cette étrange formule : « non… elle doit penser que j'ai disparu. » Je crois avoir entendu alors « non je ne me demande pas si elle se demande… » Plutôt que « non, elle ne se demande sans doute pas… » Je suis troublée par son insensibilité apparente, à sa non-existence pour les autres. Une négation de sa négation ? Une non-représentation de son absence ?
- À côté du traumatisme de l'écoute, je ressens aussi une certaine fascination : il s'agit d'une patiente qui met un

point d'honneur à ne jamais se plaindre, jamais ressentir de haine, à se décrire indifférente à tout, à poser un regard lucide et désillusionné sur le monde et la société. La sobriété de son récit, l'absence totale de « pathos » font écho à la froide détermination dont elle a fait preuve, dans son enfance, face aux déchaînements sadiques de sa mère. Sa résistance aux « tortures », sa capacité à lui tenir tête est impressionnante. Mais aussi sa dignité, ses prises de position et ses engagements sont non seulement respectables mais évidents et convaincants. Quand elle dénonce la folie de l'Histoire, elle le fait avec justesse et on ne peut qu'être d'accord avec elle. Profondément « morale », elle a aussi un puissant charisme. Elle revendique certaines valeurs, ce qu'elle appelle son « protestantisme » marqué par le respect de l'autre, l'amour des lois et d'une société éclairée, la priorité au collectif. Sa quête de l'extrême, sa passion pour la lucidité, sa radicalité, ont quelque chose d'incontestablement séduisant.

– Mais je pressens en même temps que, de la violence et du caractère extraordinaire de son histoire, elle tire des assises narcissiques, une identité ; il lui faut absolument ne pas être une nantie. Du coup il s'agit de « geler » son histoire infantile, de la garder intacte, plutôt que de la visiter, la remanier, l'explorer… Derrière tout cela et derrière le masochisme « héroïque », c'est bien sûr l'anti-analysante qui se profile ; mais ce n'est pas là peut-être la racine de l'embryon de contre-transfert « négatif » qui apparaît alors ; sa perpétuelle aspiration à être hors du commun, le poids écrasant de l'idéal du moi, son besoin de mettre en évidence les carences et faiblesses des objets – il s'agit de rompre avec son ami pour pouvoir dénoncer ses faiblesses –, son indifférence affichée à tout, ses tentatives d'annuler tout lien, y compris de haine, deviennent pesants ; progressivement, la rigueur m'apparaît rigidité et les qualités protestantes des fixations caractérielles inabordables ; (à ce moment-là moins peut-être parce que menaçant l'établissement de la relation thérapeutique que parce qu'un peu décevants sur le plan humain, au fond pas si « protestante » que ça !).

Rétrospectivement, j'étais confrontée sans doute, sans le savoir, assez péniblement au caractère inébranlable de sa volonté d'être un objet de projections massives (déchaînement ou sidération), d'être l'objet sur lequel on se casse les dents… L'avoir gardée un quart d'heure supplémentaire tenait peut-être moins d'une volonté « réparatrice » que d'une tentative de dénier l'impuissance que je vivais devant sa résistance à être autre chose que cet objet fascinant, fascinant de refuser toute subjectivité, refusant toute reconnaissance à l'existence de la projection et de l'autonomie de la réalité psychique, fascinant de parler « d'ailleurs »… Je ne le comprendrai que plus tard, mais, par son identification à la Justice et à la Loi, par son insensibilité et son absence de compassion revendiquées, on peut dire qu'elle se situe comme résolument antisubjective…

Discussion

Je cherche à faire partager au groupe ce vécu contrasté et à rendre compte du climat si particulier des séances dans ma présentation.

Le groupe, ressaisi après un certain embarras, pointe différents éléments de cette thérapie, en particulier la difficulté à élaborer face à un réel aussi prégnant. Il se questionne sur les modalités interprétatives devant l'intrication de la « petite » et de la « grande » histoire. Il se demande comment se positionner en présence d'un arrière-plan traumatique si extensif mais qui fait l'objet d'une évocation sobre, retenue, sans plainte, support d'une identité stoïque, voire héroïque ? Il est suggéré que l'analyste, sorti de la sidération fascinée, pourra s'attacher aux détails du récit pour y montrer que la patiente a toujours été, quoi qu'elle en dise, sujet et pas seulement victime de son histoire.

Des liens sont proposés, des hypothèses sont formulées : l'acting de l'analyste, prolongeant la séance, apparaît comme une compensation réparatrice, dont d'ailleurs la patiente ne veut pas ; il renvoie aussi à l'Institution qui aurait dû la garder sans la rendre à sa mère, mais l'analyste est aussi, bien sûr, la mauvaise mère qui séquestre l'enfant ; ainsi la séance apparaît bien comme une sorte de torture qui lui est infligée et qui, par son cadre réduit (ses horaires décalés empêchent souvent la tenue d'une séance hebdomadaire), rend le transfert de base plus difficile à établir ; on se demande s'il est possible dans ce cadre de donner sens à l'inévitable actualisation transférentielle et de faire jouer le « sadisme sublimé » de la méthode analytique. La discussion s'intéresse aussi à l'irritation de l'analyste – loin de l'émotion envahissante de certaines séances – à propos de la manière sadomasochiste dont elle présentait son désir de rupture avec son ami. Un sadisme « moteur » en somme puisqu'il mobilise un certain tournant contre-transférentiel… Le groupe semble entrevoir, sans pouvoir les saisir avec précision, les enjeux identificatoires contenus dans une formulation comme : « ma mère doit penser que j'ai disparu ». La tentation de la patiente serait-elle d'être celle qui se fait disparaître, comme son père inconnu ?

Contre-transfert et transfert sur le groupe

Je m'aperçois au cours de cette discussion que je suis animée de sentiments assez ambivalents vis-à-vis du groupe et sans savoir pourquoi plutôt insatisfaite du tour que prend la discussion. À un premier niveau, comme si le soutien et la sollicitation du groupe à élaborer, les hypothèses et constructions proposées consistaient en une non-reconnaissance des traumas de la patiente et de mes mouvements contre-transférentiels. Un non-partage du traumatisme dans l'écoute ? Aurais-je été moi aussi « trop sobre » pour ne pas être crue ? Les terribles violences infligées par sa mère ne semblaient constituer pour le groupe ni l'origine de son histoire ni l'horizon de sa problématique…

Je me demande alors si ce que j'ai ressenti lors de cette discussion n'éclairait pas l'amorce de contre-transfert négatif dont je faisais état : la sollicitation du groupe à élaborer le fonctionnement psychique de la patiente me délogeait peut-être prématurément de ma position de témoin sidéré ou hypnotisé de son histoire et au fond révélait mon refus de voir le récit « gelé » des événements passés céder le pas devant le masochisme et les fixations caractérielles actuelles, anticipatrices de tous les aléas du sadomasochisme et du transfert négatif.

Je dois reconnaître alors ma nostalgie du trauma et de sa reconnaissance, et ma résistance à ce que le traumatique, la neurotica, laissent place au fantasme, au fonctionnement psychique et paradoxalement à l'analysabilité. C'est donc bien un certain transfert négatif sur le groupe qui m'amène à saisir le sens de ce qui se passe avec la patiente : plus elle deviendrait analysable et plus je deviendrais hostile…

Par exemple, quand, en ce début de thérapie, elle dit (valorisant le service public et désignant ailleurs les mauvais, les arrivistes) « heureusement qu'il y a des gens sans ambition pour accepter de travailler à l'hôpital » – pensant qu'elle pourrait ajouter : « Ou ici comme vous au Centre » – c'est surtout la conformité à l'idéal du moi que je prends en compte, j'y entends une reconnaissance mutuelle liée à notre commune absence d'ambition, le partage de valeurs, le transfert de base et la confiance dans l'Institution, et je préfère être sourde à l'ambivalence et à la disqualification violente sous-jacentes…

Après cette première présentation, je prends la mesure de la prégnance du transfert négatif; au fond, sans doute, est-il structurel chez cette patiente : la démarche au Centre elle-même entame la conviction d'être celle qui ne se plaint de rien, celle sur qui on se casse les dents ; elle se découvre au risque d'apparaître banale. Le sexe de l'analyste s'il est bien accueilli (les femmes sont plus fortes, dit-elle), c'est bien parce que les femmes, plus redoutables, sont des adversaires à sa mesure. Et si l'Institution est sans doute la condition sine qua non d'un traitement, celle-ci est potentiellement défaillante et ne la protège pas jusqu'au bout. Elle n'a par ailleurs pas pris les médicaments prescrits par le psychiatre qui nous l'envoie, craignant de devenir « apathique » ; plus tard, elle m'apprend qu'elle a craint un jour que sa mère ne l'empoisonne…

DEUXIÈME SÉQUENCE DE SÉANCES

Le soulagement de cet éclairage – par le transfert sur le groupe – sur le transfert et le contre-transfert alors en jeu m'amène à reparler de ce cas quelques mois plus tard. La seconde présentation de trois nouvelles séances consécutives se situe après les attentats du 11 septembre ; en voici quelques aspects :

Il y est question de sa rupture enfin effective avec son ami et l'on tente de mettre à jour ce qui se jouait dans cette rupture ; elle évoque aussi son oscillation entre des plongées dépressives avec un sentiment de vide et d'inintérêt profond à la vie et à l'inverse sa « pulsion de vie ».

Elle décrit aussi son écœurement devant l'hypocrisie de ceux qui ne « font rien », qui ne vont pas manifester, qui ne s'engagent pas, alors qu'ils savent bien que les droits de l'homme ne sont pas respectés dans le monde, ou devant la lâcheté des intellectuels français qui s'écrasent devant les États-Unis. Elle s'insurge contre toutes les dominations, quelles qu'elles soient. Désabusée, elle préférerait être égoïste et individualiste mais n'y arrive pas ; « On ne peut rien changer... » Je lui demande alors si elle n'a pas besoin de garder intacts ses sentiments d'impuissance, de n'avoir aucun espoir, tant le plaisir de vivre ou l'espoir pourraient lui apparaître comme dangereux, égoïste et mesquin, elle se sentirait comme ceux qui, chez elle, mangeaient le repas dont elle était privée, du côté des agresseurs, sa mère ou les États-Unis... Elle me confirme simplement qu'elle ne supporte pas l'idée de confort. (Je note ici au passage que dans un autre contexte il aurait peut-être été possible de désigner le but de la méthode analytique, le changement intérieur, comme l'objet du « changement » et que ce serait virtuellement alors dans le transfert qu'une séduction se présenterait : être égoïste à deux. Mais on voit comment la lutte antiprojective de la patiente est un obstacle au transfert, il s'agit pour elle de ne rien exprimer qui puisse apparaître comme projection.)

Elle fera aussi le récit d'un rêve qui se présente comme miroir de la réalité puisque sa surveillante l'y menace avec un cutter et que voulant quitter précipitamment l'hôpital, elle est menacée dans la rue par des jeunes gens, blancs, violents. On ne pourra dépasser le sens manifeste du rêve, selon lequel même dans les institutions où l'on devrait être protégé, et les propos racistes interdits, elle y est menacée comme à l'extérieur ; après avoir évoqué le tiers protecteur qui a manqué autrefois entre elle et sa mère, il sera question du tableau d'une France livrée aux racistes.

Elle reviendra aussi sur sa difficulté à venir aux séances, puis se laissera aller à des récits, d'amitié, d'amitié déçue avec des femmes, de son désir d'autrefois d'être adoptée par le couple de résistants, de son sentiment tenace de ne pas faire partie de leur monde, bourgeois, et assez conformiste, récit qu'elle-même interrompra par un : « Pourquoi je vous raconte tout cela ? » très nouveau.

Discussion

La discussion qui suit dans le groupe est animée, dans la suite du plaisir pris par la patiente à la dernière séance, le groupe est moins paralysé que la première fois par la massivité des traumas, et l'interrogation métapsychologique s'étaye sur la saisie virtuelle des indices transférentiels et du fonctionnement hic et nunc. On note le progrès de la liberté associative et de l'investissement de la séance. L'apport d'un rêve, et l'intérêt pour certains détails ou mots, même s'il est perçu comme miroir de la réalité, témoignent de l'impression d'un processus associatif. Le groupe est en même temps sensible à la volonté de la patiente de se vouloir entièrement objective, d'être le Tiers, et souligne que stoïcisme, ascétisme et rigueur morale constituent profondément les points d'accroche d'une lutte antiprojective, obstacle au déploiement du transfert et de son interprétation. « L'enjeu, dit quelqu'un, dans une boutade ludique et cathartique, c'est Ben Laden contre Melanie Klein ! », ce qui avait l'intérêt de désigner un fantasme de contre-transfert où la toute-puissance interprétative de la pensée kleinienne pourrait élaborer la menace dont la patiente, d'une certaine façon admirée par le groupe, est porteuse : au fond, comment la « neutraliser » ?

La ligne technique implicite visant à ne pas mettre la patiente « à la torture » et à proposer des interprétations identifiantes extratransférentielles est soutenue par le groupe ; la cure se situant ici au niveau d'un « travail de culture » qui soutient les capacités sublimatoires, et table sur l'intrication que peut représenter le transfert de base. La discussion porte aussi sur la massivité du « caractère » (un moi idéal aspirant à se confondre avec l'idéal du moi) que le projet analytique menace de faire « fondre » dans le transfert, dans l'émergence de l'amour-haine infantile. Le malaise de l'écoute est en partie lié à la difficulté de ne pouvoir décondenser en représentations les blocs identificatoires qui l'habitent.

Après-coup

Quelques semaines après ce travail, il me semble que l'écoute groupale a joué un rôle décisif dans l'éclairage d'un contre-transfert conflictuel et a permis d'une certaine façon une ressaisie dynamique. Mais l'interprétation conserve avec cette patiente un statut précaire et l'embarras interprétatif, contre-transférentiel, semble bien celui de la tension en jeu dans la mise en œuvre suffisamment cohérente de la méthode ; c'est bien celui du sentiment d'une certaine inadéquation entre la patiente, sa structuration psychique, et la méthode analytique elle-même… Si la réalité psychique est prise en compte par la patiente, c'est en tant que liée logiquement, déductivement, à la réalité historique ou matérielle ; et si l'interprétation est entendue, c'est souvent comme confirmation d'un mode de fonctionnement revendiqué. Mais si elle touche à ses valeurs, ses positions éthiques ou morales, elle est refusée comme s'opposant radicalement à ce sentiment d'être au-delà d'une subjectivité.

Elle raconte un jour, très émue, qu'elle s'est effondrée à un oral d'examen de la fonction publique lorsque l'examinateur lui a demandé de commenter les principes de la République : liberté, égalité, fraternité… Ramener cette émotion à son histoire lui paraît presque injurieux. Considérer la vie psychique comme une projection est à ce stade impossible. Entre les constructions du groupe et la capacité de la patiente à les recevoir, le fossé est encore notable.

Pourtant quelque temps après ce travail et les présentations des séances au groupe, les « progrès » et mon sentiment d'un certain déroulement processuel sont notables : la patiente ne souhaite plus terminer son traitement, en tout cas pas avant d'avoir pu surmonter ce sentiment de n'être ni étrangère ni Française – haïssant le poids de la religion musulmane d'un côté, la supériorité occidentale de l'autre – ; de n'appartenir à aucun groupe, de ne jamais se sentir ni dedans ni dehors. Je pense bien sûr au rêve où elle était menacée aussi bien dedans que dehors et au clivage ainsi désigné. Elle peut entendre une interprétation concernant sa haine d'elle-même et de son physique : n'y est-il pas question de son refus et de son dégoût d'être née d'un acte sexuel (elle si éloignée du sexuel !) si loin de son idéal ; elle associera sur son impossibilité à « parler chiffons », sur sa difficulté à montrer « son intérieur », y compris à sa meilleure amie qu'elle refuse de faire entrer chez elle ! Elle tente actuellement d'explorer ce qu'elle appelle elle-même son « transfert » : son sentiment d'être jugée par moi, se débattant avec l'idée – qu'elle commence à considérer comme un fantasme – que l'analyse est sans doute forcément normalisante, et qu'elle-même ne peut se vivre que comme celle qu'on ne fait pas plier… Elle revisite maintenant son émotion pour commenter les principes de la République, se souvient d'elle à 6 ans, écoutant un cours sur les serfs et les seigneurs ; elle s'est dit qu'elle attendrait, mais qu'elle l'aurait elle aussi la liberté, et puisqu'elle vivrait en France, elle serait libre… Sans doute aussi a-t-elle pensé à son père, ou plutôt à l'absence de père protecteur entre elle et sa mère. Mais cette idée de la liberté, cela l'a aidée à tenir longtemps, et séquestrée, coupée de tout, elle n'attendait que son retour en France pour enfin la connaître. Elle se dit qu'elle avait envie de dire à l'examinateur que lui, le nanti, le conforme, savait sûrement moins qu'elle la signification de ces mots. Très émue encore, elle se dit exaspérée par cette France frileuse, qui a peur, « Attention

Madame, votre sac est ouvert», où tout le monde est méfiant ; par-delà sa déception, et là elle est intéressée par le lien que je propose, il est peut-être question de sa mère décidément plus forte que tout, plus forte que la République, et ainsi au lieu de profiter de ce pays, on continuerait d'avoir peur, de vivre dans la crainte, d'être méfiant de son voisin, sa mère aurait gagné ? Elle ne formule pas encore qu'elle aurait laissé gagner sa mère.

Conclusion

Les transformations psychiques sont ici abordées comme appropriation progressive de la situation thérapeutique par cette patiente que tout éloigne de l'analysabilité : sa structure, son autoreprésentation se réclament d'une lutte antiprojective, antisubjective. Sa dépression reste tenace, logiquement liée à ses yeux à son impossibilité à «jouer le jeu social», à supporter la désillusion que représente la médiocrité effective des valeurs démocratiques et universelles dans lesquelles elle a tant espéré. Et c'est peut-être précisément son positionnement dans le registre collectif, dans la société, dans l'Histoire, qui, rendant la situation analytique parfois dérisoire, ont rendu féconde, aussi du côté de l'analyste – séduite –, une approche collective, qui a mobilisé des mouvements affectifs violents et mutatifs.

Il faudrait réfléchir aux analogies et aux différences avec l'expérience de la supervision, individuelle ou collective. Ce travail reste à faire ; notons simplement que dans notre protocole de travail l'analyste se devait de rester silencieux pendant le temps d'élaboration, d'associations du groupe, contrairement aux séances de travail en supervision où les associations de l'analyste sont tout à fait imbriquées dans le matériel présenté ; les tâtonnements du groupe décondensent peut-être l'inconnu du contre-transfert ?

Au cours de la cure

Autoérotismes : aléas d'un parcours[1]

Il y a une difficulté certaine à introduire de façon simple les questions que ce thème soulève, sans doute parce que, d'une part, il convoque la question de l'origine, à travers le corps et le début de la vie, mais, d'un autre point de vue, il introduit en après-coup, souvent à partir de ses ratés, et donc comme produit de la cure, un type de fonctionnement psychique, dont les autoérotismes seraient le précurseur : le plaisir propre à la saisie de soi-même.

1. – D'UN CÔTÉ ON PRESSENT BIEN CE DONT LES PREMIERS AUTOÉROTISMES SONT PORTEURS

Si, on fait partir la réflexion :

– de la définition des *Trois Essais* (Freud, 1905d) : « La pulsion devient autoérotique, c'est-à-dire se satisfait sur le corps propre au moment où l'objet a été perdu et où l'enfant est devenu capable de voir dans son ensemble la personne à laquelle appartenait l'organe qui apporte satisfaction », définition qui constate la coïncidence entre la phase autoérotique de la pulsion et le processus de séparation, c'est-à-dire la perte du sein et la découverte simultanée de l'objet global ;

1. Article paru dans la *RFP*, t. LXXXII, n° 3, 2018.

- de l'autoérotisme décrit dans « Pulsions et destin des pulsions » comme deuxième temps du retournement pulsionnel, la phase réfléchie (par exemple, « je me regarde »), opération fondatrice, où la question du renversement, des renversements, va traverser celle de la constitution du moi et des identifications.

En effet, si la perte du sein s'accompagne de la reviviscence des traces de satisfaction, et de la capacité à s'apporter à soi-même les sensations que l'objet et sa présence procuraient, cela constitue à la fois une issue à la situation de détresse, l'illusion porteuse, avec la satisfaction hallucinatoire, de pouvoir être à l'origine de ses propres satisfactions (d'autant que les autoérotismes de l'enfant, cris ou suçotements, prennent valeur de message qui amène l'entourage à réagir) et ainsi une conquête d'indépendance vis-à-vis de l'objet, préfiguration de sa contingence.

La gaieté et le sentiment de plénitude qui accompagnent les autoérotismes infantiles parlent d'ailleurs d'eux-mêmes, pour caractériser le narcissisme primaire. C'est aussi une première expérience de déplacement, car la réponse de l'objet, sa qualité, sa présence, qui sont comme entraînées au-dedans, incorporées, vont permettre de reconstituer à l'intérieur du sujet un dédoublement, un couple sujet-objet (le sujet est à la fois celui qui procure la satisfaction et la reçoit) ; une action intériorisée donc, qui, à partir du regard sur soi-même, organise ainsi une limite dedans-dehors, comme le décrit Francis Pasche :

« Par cette réflexion sur lui-même, le sujet circonscrit son territoire du dedans, fixe ses limites, se crée une enceinte psychique [...], s'investissant lui-même comme chose qui pense, renvoyant sur lui-même une partie de l'énergie qu'il émet, il ne risque plus de se vider entièrement dans l'autre ou d'en être envahi » (Pasche, 1988, p. 87).

De façon un peu schématique, si l'on considère la série : perte de l'objet, renoncement au but sexuel direct et à la pleine satisfaction, retournement sur soi, intériorisation de l'objet, passage de l'investissement à l'identification (Freud, dans « Psychologie collective et analyse du moi », dit qu'elle « prend la place de l'attachement, par une sorte d'introduction de l'objet dans le moi »), on a là la préfiguration de la structure réflexive du psychisme – qui sera établie à partir des souvenirs-écrans, où l'on se voit soi-même dans la scène tout en en étant un observateur – et donc l'instance d'auto-observation et la différenciation topique moi-surmoi.

C'est avec le troisième temps du destin pulsionnel où un objet est cherché à l'extérieur pour prendre la place du sujet (par ex. « on me regarde ») que s'organiseront le scénario fantasmatique et les identifications hystériques.

Alors a contrario, si l'on part de la cure, faut-il faire l'hypothèse que l'abrasement de la topique interne renverrait à une défaillance dans l'organisation de cette phase et à l'absence de corps érogène ? Et que, lorsque font défaut le dialogue intérieur et le plaisir du fonctionnement psychique, et que l'on a affaire à des discours désincarnés et des imagos aliénantes, la restauration des autoérotismes pourrait, en en retrouvant les sources corporelles, raviver le plaisir de penser ? Mais comment se fait le passage entre le plaisir du corps et le plaisir de la pensée ?

2. – PAR AILLEURS, IL Y A BIEN QUELQUE CHOSE D'ALÉATOIRE DANS CE TRAITEMENT PSYCHIQUE DE L'EXCITATION ET SA DÉRIVATION VERS L'INTÉRIEUR

Les autoérotismes, s'ils portent en eux, avec eux, l'histoire de la relation à l'objet[1], portent alors les vicissitudes

1. Freud écrit : « De ce rapport sexuel qui est le premier et le plus important de tous, subsiste, même après la séparation effectuée de l'activité

de la constitution du moi, habité parfois par un objet tout-puissant, idéalisé, ce qui fera surgir une conflictualité entre l'investissement du corps érogène et les idéaux narcissiques. D'ailleurs, faut-il comprendre ainsi la phrase de Freud dans *Pour introduire le narcissisme*: «Le développement du moi consiste à s'éloigner du narcissisme primaire et engendre une aspiration tenace à recouvrer ce narcissisme»?

En effet, il y a deux termes: «auto» et «érotisme», et donc comment ce processus réfléchi de retournement sur soi, et en son contraire, qui complexifie la notion de satisfaction («quelque chose dans la nature de la pulsion ne tend pas à sa pleine satisfaction», Freud, 1912d, p. 64), et qui intègre un double ancrage: corps propre et objet, sexuel et non sexuel, satisfaction et renoncement, va-t-il permettre d'aborder l'équilibre: objectal/narcissique, Éros/autoconservation?

«En se débarrassant ainsi de la libido des investissements d'objet, en s'installant soi-même comme seul objet d'amour et en désexualisant et sublimant la libido du ça, le moi travaille en opposition avec les buts d'Éros», écrit Freud dans *Le moi et le ça*.

Ensuite, quel peut être le devenir de ces premiers autoérotismes, nés de la séparation et de la reviviscence des traces sensorielles si celles-ci sont marquées par l'intrusion, ou l'absence, dans la réponse de l'objet primaire aux manifestations pulsionnelles? Que se passe-t-il quand l'objet ne reflète pas les états du sujet? Quand il n'y a pas de rencontre avec un double de soi?

Freud note qu'«il n'existe pas dès le début une unité comparable au moi [...]. Mais les pulsions autoérotiques

---

sexuelle d'avec l'absorption d'aliments, un résidu important qui contribue à préparer le choix d'objet» (*Trois Essais sur la théorie de la sexualité*, 1905d).

existent dès l'origine ; quelque chose, une nouvelle action psychique doit venir s'ajouter à l'autoérotisme pour donner forme au narcissisme » (Freud, 1914c/2005, p. 84). Quelle est donc cette nouvelle action psychique ?

Car la tension, l'attente, la satisfaction moindre vont-elles organiser l'inhibition de but et le retour sur soi, le détour par la satisfaction imaginaire et un nouveau principe de plaisir incluant le masochisme érogène, permettre le développement de la tendresse à la place de la possession sexuelle, ou au contraire vont-elles constituer des points d'accrochage à l'expérience traumatique, une fixation à l'objet perdu[1], à son ombre, source d'identifications narcissiques et de deuils impossibles ?

Les traces procédant de l'incorporation de l'objet dans le moi peuvent en effet constituer des enclaves imagoïques idéalisées impossibles à satisfaire ;

L'autoérotisme se résumerait alors à des décharges compulsives, la répétition à des passages et repassages sur les traces mnésiques, fussent-elles traumatiques ?

Dit autrement : Qu'est-ce qui organisera le devenir des traces mnésiques en souvenirs-écrans (avec leur structure réflexive) ou en retours hallucinatoires ?

Et on peut dès lors se demander quelles sont les conditions pour que le renoncement à l'emprise sur l'objet, au but sexuel direct, et le processus auto ne s'échouent pas entre les écueils :

D'un côté : d'indifférence, de repli autistique, traduisant un possible retour à l'autoconservation ;

De l'autre : de l'hyper érotisation du manque, dans laquelle c'est l'absence, la non-réalisation pulsionnelle, qui sont

1. Voir Freud, *Deuil et mélancolie* : à partir de 1915, l'ombre de l'objet transforme le sujet en objet des exigences de l'objet, comme le remarque René Roussillon.

survalorisées et sources de satisfactions intenses ? Solipsisme que Proust a remarquablement décrit, par exemple, dans *À l'ombre des jeunes filles en fleurs* : « Il en est des plaisirs comme des photographies, ce qu'on prend en présence de l'être aimé n'est qu'un cliché négatif, on le développe plus tard, chez soi, quand on a retrouvé cette chambre noire intérieure dont l'entrée est condamnée tant qu'on voit du monde. » Et que Christian David (1992) a développé avec la notion de perversion affective : « Du seul fait de se polariser sur l'émoi ambigu créé par la poussée libidinale, le psychisme ne réalise-t-il pas là un début d'inhibition de la pulsion quant au but, n'inaugure-t-il pas pour son propre compte un mouvement négatif qui a son principe même dans l'essence de la pulsion ? »

3. – CLINIQUE : LES AUTOÉROTISMES, SUPPORTS ET/OU PRODUITS DE LA CURE ?

Schématiquement j'aborderai deux types de situations, celles où le renversement « auto » est à construire dans l'analyse et celles où c'est l'« érotique » qui fait défaut.

a) Certaines situations sont marquées par l'aspect projectif du propos, le patient se présentant en victime de son passé, son histoire, ses proches ; sa parole, sans réflexivité, se veut univoque, les agirs de parole donnent un sentiment d'emprise sur l'analyste ; le patient se réduit à son énoncé, effaçant tout écart avec son énonciation[1], alors que c'est cet écart qui serait porteur de sens et de réflexivité. Porteur de la capacité d'être seul en présence de l'autre.

1. Jean-Luc Donnet (2017, p. 68) définit l'agir de parole comme « énoncé égosyntone qui négative la réflexivité ».

La parole est alors elle-même chargée d'une sexualisation intense, que l'on repère par le fait qu'elle semble avoir valeur d'acte : expulsion, rétention, neutralisation, bombardement de l'analyste… Comme si ce qui était retiré à la motricité était, sans médiation d'un langage intérieur, déchargé dans la parole.

Par exemple, avec une patiente, d'emblée la question de l'articulation entre le corps et le langage m'est apparue, puisque, dès la nuit qui suit la première séance et donc l'énoncé de la règle fondamentale, elle est énurétique. Encoprésie et bégaiement avaient marqué son enfance et sa problématique tourne autour de l'intolérable intrusion maternelle : « Tout ce qui concernait mon trou de balle l'intéressait », dit-elle, ou « elle met toujours son nez dans mes petites culottes, elle est dans mon dos à me tirer les vers du nez ».

Si je suis manifestement ainsi à la fois la professionnelle à qui elle se plaint et la mère dans son dos dont elle se plaint, cela se passe sur deux scènes bien distinctes, sans qu'elle ait l'intuition du moindre déplacement : elle semble ne pas se poser la question de savoir à qui elle parle. Le transfert potentiellement méfiant cohabite avec la confiance affichée en l'analyse : je note la même absence de dédoublement ou d'ambiguïté à mon propos – où analyste en fonction et objet du transfert sont clivés – qu'à sa propre identité, où elle semble se réduire totalement à son énoncé. La scène passée efface la scène actuelle de l'adresse, et inversement.

De mon côté, l'écoute est saturée, j'ai le sentiment d'une parole en quête d'un déversoir, brute, sans réécriture intérieure.

Si le caractère érotique anal semble transposé intact dans son style langagier expulsif, il paraît en défaut d'autoérotismes objectalisés, qui lui auraient permis d'être seule en présence de l'analyste, sans avoir besoin de vérifier en permanence que je la suis bien dans les étapes de son récit.

Ce qui d'emblée pose des questions d'indication de site : pour entreprendre une cure sur le divan, un certain autoérotisme « minimal » n'est-il pas nécessaire pour « s'entendre parler » et concomitamment investir la neutralité de l'analyste ? Pour que l'écart, entre le sujet qui parle et celui dont il parle, soit objet de curiosité et de sens ; d'investissement du moment de production d'une représentation, et de jouissance à la dérive associative. Pour qu'un miroir interne permette la création d'une limite entre un dehors et un dedans, sinon toujours potentiellement vidable, attaquable, pénétrable.

Comment, sans ce fonctionnement autoérotique, accepter de vivre une relation de transfert, en sachant qu'il n'y sera répondu que par l'interprétation, le maintien du cadre et le renoncement à l'acte ? Puisque la cure est basée sur des renoncements pulsionnels qui ouvrent de fait sur un remaniement du conflit activité/passivité ?

Sans le dédoublement ni du sujet ni de l'analyste (où l'objet du transfert et l'analyste en fonction semblent clivés), le transfert est difficilement analysable, car l'analyste, dans son interprétation même, ne peut que réincarner l'objet tout-puissant qui devine et habite le sujet…

Je me questionne aussi sur la qualité des souvenirs qui parfois mettent en scène répétitivement des récits au caractère si intense, si vif, si violent que la propriété réflexive, propre aux souvenirs-écrans, et la structure triangulée du fantasme semblent ici faire place à des phénomènes quasi hallucinatoires, des reviviscences de scènes marquantes ; et ce qui pourrait apparaître comme autoreprésentations, ébauches d'un fonctionnement autoérotique, consiste au fond en passages et repassages sans fin sur ces scènes traumatiques.

Car je suis frappée avec la patiente dont il était question plus haut par l'hyper sexualisation de la parole – chargée et de maintenir l'objet à distance et de l'attaquer sans le perdre –, et par cette forme particulière d'autoérotisme, la « force magique des mots » (Freud, 1912-1913a) marquées par l'emprise, l'expulsion et le bombardement, et en même temps par l'absence de plaisir, le défaut dans le renversement auto, qui fait que la pulsion semble fixée à sa phase active et projective.

Alors, comment favoriser un retournement pulsionnel qui permette de passer des rêves traumatiques aux rêves de désir ? Comment favoriser un transfert sur la parole, un dialogue intérieur, une ouverture sur le fantasme ?

Dans *L'Interprétation des rêves*, Freud écrit : « Les scènes infantiles, quand on réussit à les rendre conscientes, sont vues de manière hallucinatoire, et ne perdent ce caractère qu'après avoir été racontées. » Et en effet, le retour hallucinatoire concerne le plus souvent des événements oubliés, vus ou entendus avant même l'apparition du langage.

Et dans *L'Esquisse*, il note qu'il faut « s'entendre se souvenir », le souvenir ne suffit pas, il faut le formuler, car c'est seulement de la perception que peut naître la conviction.

La formulation, avec le passage de l'hallucinatoire à la représentation, permettrait une sorte de dédoublement du sujet qui devient à la fois celui qui subit, et celui qui se voit subir, le raconte. Et le récit parce qu'il propose un détour, un message, une mise en représentation, contribuerait ainsi à désexualiser la pensée.

D'ailleurs cette patiente va ressentir après-coup la valeur corporelle et érotique de la parole : la donner, la recevoir, la lâcher, la retenir, ce qui apparaît comme une tentative de métaphoriser et d'articuler corps et langage.

J'avais suggéré, alors qu'elle me racontait comment elle se voyait perpétuellement subir des scènes terrifiantes, que, si elle s'y voyait, c'est bien qu'elle s'y regardait. Elle avait alors, contre toute attente, associé sur les relations sexuelles d'autrefois entre ses parents… Je me suis demandé ce qui avait permis ce passage éclair du trauma au fantasme, la scène racontée devenant une scène projetée, représentée ; est-ce le mot « regarder » qui avait réveillé sa curiosité infantile ? Est-ce la suggestion d'une position active qui avait autorisé un déplacement et un jeu entre les positions active, passive, masculine, féminine ? Est-ce cela qui a favorisé un mouvement d'inversion de la libido, de passage de l'investissement de l'objet à l'investissement du moi (avec le « vous vous y regardez »), est-ce que la transposition de ma lassitude en proposition interprétative a favorisé aussi chez elle une mise au travail ?

On peut aussi faire l'hypothèse (Denis, 1999) que si ces patients n'ont été confrontés, enfants, qu'à une absence de message organisateur de leur excitation, ne pouvant connaître qu'un état plutôt chaotique de solitude, l'autoérotisme, non reflété par l'objet primaire, en quelque sorte avorté, aurait consisté en auto-investissement de l'excitation et en accrochage à l'objet externe que les agirs de parole tentent de contenir sous emprise. Les défaillances de qualité des soins primaires n'auraient pu se lier qu'à des images sadomasochistes et de sentiment de perte des limites, de non-maîtrise des orifices.

Ne pourrait-on voir là une définition du traumatisme : ce qui interdit le renversement auto, le retour sur soi et pousse vers l'investissement de ce qui est là, l'extérieur, l'excitation ?

b) Il y a aussi des situations de retournement « auto », mais bien peu « érotique », marquées par la honte, l'autodévalorisation, l'autopunition, l'autoapaisement, etc., qui nous montrent les entraves que rencontre ce processus, si un objet interne « surestimé » ou un surmoi cruel inhibent le plaisir de penser et l'appropriation du corps érogène, interdisent l'accès aux autoérotismes et au plaisir de l'investigation psychique.

La difficulté pour l'analyste va être de favoriser le dégagement vis-à-vis de l'objet aliénant auquel le patient est accroché de façon passionnelle et mélancolique à la fois, l'objet ayant pris la place du moi, ce qui empêche l'investissement de la neutralité de l'analyste, l'errance de la pensée associative, la découverte d'une liberté des renversements identificatoires. Avec l'intuition que l'exploration psychique, la liberté de parole, pourrait mettre en danger le lien à l'objet tout-puissant…

Le conflit entre l'autoérotisme et les idéaux narcissiques est mis en évidence par la situation analytique qui pousse à un fonctionnement de « solitude en présence », alors que l'image dévalorisée de soi-même, à laquelle correspond l'image surévaluée de l'objet, fait obstacle aux satisfactions autoérotiques.

Je pense aux patients, souvent des patientes, que la position sur le divan confronte à un sentiment d'exhibition et convoque des souvenirs de honte, des vécus d'intrusion, d'empiétement. Des scènes vécues, mais non subjectivées, qui se présentent comme des enclaves gelées empêchant la mobilité pulsionnelle.

Je pense à une patiente pour laquelle toutes les scènes infantiles remémorées avaient été marquées par un caractère si intrusif et violent que la constitution d'un espace corporel intime, d'un corps libidinal, était empêchée. Et que n'apparaissait donc qu'un corps déshabité, désincarné, mal aimé. L'analyse est ainsi parfois placée sous le sceau de la recherche jusque-là ratée avec le corps, et que seule la honte pourrait être investie de façon autoérotique… La honte comme temps du double retournement avec le poids d'un objet survalorisé et d'un moi indigne.

Mais, passer du corps sale et honteux au corps érotique, passer de l'autodévalorisation au plaisir du fonctionnement psychique, engage un jeu d'inversion des positions identificatoires et un dégagement de cet objet omnipotent qui moque, humilie, attaque, exige, etc.

Alors, si le retour sur ces souvenirs, où le sujet est mis en position humiliante et honteuse, peut bien sûr constituer le point d'ancrage d'un fantasme masochiste, et exprimer la recherche d'une rencontre avec le corps érotique, on peut aussi se demander si leur investissement ne correspond pas à une tentative pour mettre l'objet en défaut, le rabaisser, en guettant le regard humiliant de celui-ci, comme une façon d'interroger le plaisir étrange de l'autre pris en présence de soi-même… René Roussillon (2004) insiste sur l'énigme du plaisir de l'objet dans la rencontre.

Parfois c'est un rêve, où le sujet se permet une position triomphante face à l'objet, qui, annonçant le transfert par retournement, constitue une sorte de prémisse à l'inversion des positions de honte et de dévalorisation. Ce qui ouvre sur la possibilité d'investissement du corps et du psychisme comme sources de plaisir. Parfois c'est l'arrêt sur un mot, pris dans son double sens, psychique et physique (par exemple des mots tels que « derrière », les « règles », ou le « trou », etc.) qui va faire résonner, derrière le propos anodin, l'investissement interdit du corps et aider à frayer une voie vers les autoérotismes infantiles.

Je pense à une patiente chez laquelle coexistaient transfert sur la parole, sublimation, investissement de la neutralité, inhibitions quant au but, et puis des irruptions d'agir, agir de parole, interpellations, où elle manifestait, malgré son intuition des déplacements transférentiels en jeu, l'urgence, un peu harcelante, d'une demande d'implication, de présence, de désir.

Cette double polarité du transfert pouvait évoquer le couple contrasté des parents : un père qui valorise la culture et ne regarde son corps qu'avec un certain dégoût, et une mère, véritable ouragan, bagarreuse et maltraitante, intrusive et incestuelle.

Ainsi c'est un souvenir cuisant dans lequel, alors qu'elle se regarde anxieusement et fréquemment dans le miroir, sa mère se moque d'elle et le raconte à tout le monde qui nous indique sans doute comment les autoérotismes avaient été accueillis dans l'enfance, comment elle en aurait été dépossédée, mais cela m'interroge : cette scène de moquerie pourrait-elle constituer une sorte de point d'ancrage à un fantasme masochiste : une autoreprésentation d'un souvenir autoérotique sous le regard humiliant de la mère ? S'agirait-il en après-coup de se montrer, avec ses autoérotismes, pour guetter le désir de l'objet ? En tout cas un objet maternel auquel ferait défaut l'inhibition quant au but empêchant l'organisation du courant tendre.

Une mère séductrice qui, ne la laissant pas s'organiser avec ses autoérotismes, la pousserait à être toujours à la recherche d'un nouvel objet excitant ou maltraitant…

Alors, inversement, l'érogénéité du corps, son investissement permettraient de créer une sorte de barrière protectrice contre les intrusions de l'objet aliénant, et un décollement des fixations à celui-ci. Sorte de garde-fou face à la folie maternelle…

Et si le transfert, pris dans la répétition des mouvements d'emprise, fait de l'analyste un sadique qui exhibe ou pénètre, peut-être s'agit-il de faire taire le plaisir naissant dans la cure, pris aux fantasmes d'exhibition ou d'intrusion.

CONCLUSION

La question initiale sur la nature de cette nouvelle « action psychique » qu'évoque Freud à propos du passage entre les autoérotismes et la constitution du narcissisme paraît donc renvoyer à la qualité de la réponse de l'objet aux manifestations pulsionnelles, car c'est de là qu'une expérience de non-empiétement, de plaisir partagé et reflété, d'amorce de sublimation par l'inhibition quant au but, permet d'investir l'espace intermédiaire dedans-dehors, le détour par la tendresse et la parole.

Les premiers échanges avec la mère et les expériences tendres de satisfaction réalisent une forme de sublimation, car ils se vivent d'emblée dans une double polarité corporelle et langagière, un éprouvé devenant communication, la parole un substitut à ce qui reste insatisfait dans le lien primaire, une poursuite du corps-à-corps sous une autre forme, un plaisir sensoriel vécu dans un bain de langage.

Seraient là en germes les transmutations sémantiques – Didier Anzieu évoque le bébé qui boit le lait de sa mère, boit sa mère des yeux, et boit ses paroles mais aussi les mécanismes de déplacement, que suscite et réveille l'analyse, avec le plaisir partagé du travail, le reflet de l'écoute, le non-empiétement (Anzieu, 1970, p. 806*sq*).

Ce qui suppose parfois de renoncer à une interprétation qui serait entendue comme venant de l'objet tout-puissant et qui ne contribuerait qu'à fixer la relation à l'analyste et empêcher l'ouverture, la curiosité, l'exploration de l'espace personnel.

Et reconnaître ses propres pensées, ses émotions, dans la bouche de l'analyste, fait sans doute revivre quelque chose de la plénitude psychique et du plaisir sensoriel des premières expériences et retrouver les liaisons initiales défaillantes avec l'objet primaire.

Il faut noter pour finir dans ce processus l'importance de l'érotisme anal, qui régule les échanges entre le dedans et le dehors, qui accompagne la réappropriation du corps, ses limites, ses orifices, et l'usage de la parole qui permet les passages entre des zones différentes du psychisme et l'errance vers l'inconnu de l'association libre.

Une re-sexualisation de la pensée (Baldacci, 2015) et de la parole peut alors s'engager et accroître le plaisir pris aux liaisons entre les expériences corporelles et leurs inscriptions langagières[1].

---

1. Didier Anzieu évoque les premières transmutations sémantiques quand le bébé boit le lait, boit sa mère des yeux et boit ses paroles.

RÉFÉRENCES BIBLIOGRAPHIQUES

Anzieu D. (1970), Éléments d'une théorie de l'interprétation, *Revue française de psychanalyse*, t. XXXIV, n° 5-6.

Baldacci J.-L. (2015), Sublimation et processus de pensée, *La Pensée, une approche psychanalytique*, Paris, Puf, p. 147-159.

David C. (1992), *La bisexualité psychique*, Paris, Payot.

Denis P. (1999), États de la passivité, *Revue française de psychanalyse*, t. LXIII, n° 5.

Donnet J.-L. (2017), *Une traversée du site analytique*, SPP éditions.

Freud S. (1899a), Sur les souvenirs-écrans, *Névrose, psychose et perversion*, Paris, Puf, 1973 ; *OCF.P*, III, Paris, Puf, 1989.

Freud S. (1905d), *Trois essais sur la théorie sexuelle*, Paris, Gallimard, 1987 ; *OCF.P*, Paris, Puf, VI, 2006.

Freud S. (1912-1913a), *Totem et tabou*, Paris, Gallimard, 1993 ; *OCF.P*, XI, Paris, Puf, 1998.

Freud S. (1912d), Sur le plus général des rabaissements de la vie amoureuse, *La vie sexuelle*, Paris, Puf, 1969 ; *OCF.P*, XI, Paris, Puf, 1998.

Freud S. (1914c), Pour introduire le narcissisme, *La vie sexuelle*, Paris, Puf, 1969 ; *OCF.P*, XII, Paris, Puf, 2005.

Freud S. (1915c), Pulsions et destins des pulsions, *Métapsychologie*, Paris, Gallimard, 1968 ; *OCF.P*, XIII, Paris, Puf, 1988.

Freud S. (1923b), Le moi et le ça, *Essais de psychanalyse*, Paris, Payot, 1981 ; *OCF.P*, XVI, Paris, Puf, 1991.

Pasche F. (1988), *Le sens de la psychanalyse*, Paris, Puf.

Roussillon R. (2004), La dépendance primitive et l'homosexualité primaire en double, *Revue française de psychanalyse*, t. LXVIII, n° 2.

La sexualité parlée en séance[1]

Dans un article intitulé « La sexualité a-t-elle un quelconque rapport avec la psychanalyse ? », A. Green (1996, p. 829-848) soulignait ce paradoxe : il y a des cures où il n'en est pas ou peu question. S'agirait-il de cures où le patient ne se serait pas confronté à l'histoire de ses choix sexuels et amoureux et où les figures de la sexualité infantile seraient restées dans l'ombre, dans une structure pour laquelle les questions vitales ou narcissiques auraient laissé au second plan la sexualité ? Mais on peut aussi penser que dans l'écoute de l'analyste seraient à l'œuvre refoulement ou option théorique privilégiant la relation d'objet à la pulsion.

On peut aussi se demander de quelle sexualité il est question quand elle est exposée sans filtre, sans retenue, sans conflit, désignant plus une fonction, un besoin à apaiser qu'un désir à analyser, traduisant une fixation au plaisir de la décharge et non de la tension, et donc une défaillance dans l'organisation de l'érotisme anal.

En référence à la cure, une problématique se dégage, sur deux versants :

Du côté du patient, comment la pulsion sexuelle se fraye-t-elle un chemin vers la représentation ? À quelles conditions, malgré sa folie et ses excès, peut-elle opérer les transmutations

1. Texte publié en 2021 dans *La sexualité parlée en séance*, SPP édition.

nécessaires aux détours, aux renoncements de la parole? Inversement, comment le propos en séance pourrait-il ne pas être infiltré, contaminé, par la part obscure de l'inconscient, cette part qui est, dès l'origine, exigence impérieuse, débordement pulsionnel, excitation chaotique?

Sur l'autre versant, corollaire du côté de l'analyste, comment entendre le sexuel? Comment favoriser, pour l'association libre comme pour l'écoute flottante, une perméabilité des frontières du Moi qui autorise l'accueil du Ça? « *Wo Es war, soll Ich werden*[1]... » serait à entendre en référence à un Moi en expansion, capable de jouer avec et d'intégrer des représentations et motions interdites, et non comme un objectif de maîtrise du Moi sur la vie pulsionnelle.

En particulier, quand refoulement et censure, déni et clivages du Moi se conjuguent pour réprimer la sexualité infantile, comment la cure pourrait-elle permettre de retrouver, avec l'associativité et l'actualisation transférentielle, Éros et les potentialités du plaisir comme moteurs du fonctionnement psychique?

Dans la névrose, le refoulement permet au Moi d'éviter des clivages massifs, la sexualité y est d'ailleurs souvent allusive, pudique, masquée, évoquée dans ses troubles (versant inhibition), puisque le patient est le lieu d'un conflit entre ce qu'il ne peut s'empêcher de penser et ce dont il voudrait ne rien savoir, entre l'exigence des désirs œdipiens et les représentations contre-investies. Là, le sexuel infantile, infiltrant à son insu l'association libre, permettra le jeu du langage et de l'interprétation.

Mais il est différent d'être en présence de mécanismes de défense souples permettant que la psyché ne soit débordée ni par la tension pulsionnelle ni par les contraintes de la réalité,

1. « Où était le ça, le moi doit advenir », *in* Freud, S. (1933a [1932]).

et d'être confronté à des situations de clivage durables qui excluent, séparent radicalement fantasme et réalité, dedans et dehors. C'est alors le travail du souvenir et du fantasme qui est entravé.

Nous explorerons cette problématique à partir de cinq questions :

- La première concerne le rapport de la sexualité et de la parole : à quelles conditions la sexualité peut-elle se parler en séance ?
- Quel est le rôle de la désexualisation ?
- Comment favoriser le retournement pulsionnel, condition d'un fonctionnement « autoérotique » ?
- Que faire de la honte ?
- Quel site choisir ?

RAPPORT DE LA SEXUALITÉ À LA PAROLE

C'est face aux obstacles que Freud propose une ébauche de réponse. Il écrit dans une lettre à Abraham « je veux vous faire part seulement d'une inquiétude, il m'est arrivé souvent que de tels cas, auxquels je prenais un intérêt personnel trop grand, échouassent justement, peut-être en raison de cette intensité[1] ». Et, dans une lettre à Fliess, il évoque un excédent de sexualité impropre à se transformer en langage[2]. Le surinvestissement de l'objet ferait-il obstacle aux processus psychiques en jeu, en particulier la capacité à être « seul en présence » et à l'autoérotisme ? Le surinvestissement du patient pourrait-il constituer une résistance à l'analyse par une complicité excitante et une connivence dé-symbolisante ?

1. Lettre du 26/12/1908 (*In* Freud S. et Abraham K., 2006, p. 108-110).
2. Lettre à Fliess du 30/05/1896.

On est là confronté au facteur quantitatif, une charge pulsionnelle débordante qui, mobilisant des défenses telles que sidération, inhibition massive ou décharges agies, bloque le travail de transformation, à la mesure du danger que constitue l'impact excessif de la réalité ou de la pulsion. Qu'il s'agisse de situations traumatiques, ou de problématiques narcissiques, voire mélancoliques, la vie fantasmatique semble écrasée, le sexuel enfoui et inaccessible, le patient réduit à son malheur, sa destinée, ses préjudices, l'analyste à une tâche d'accompagnement.

Mais alors, comment comprendre ces notes de Freud (1905d, p. 141), à propos du traumatisme : un ébranlement qui doit être reconnu comme une des sources de l'excitation sexuelle. Et à propos de la notion de co-excitation : « il est possible que rien de plus ou moins significatif ne se produise dans l'organisme sans fournir sa composante à l'excitation de la pulsion sexuelle » ? Expérience qui trouve son origine dans l'excès d'excitations vécue par le nouveau-né qui ne peut qu'associer la souffrance de la passivité et l'intensité des sensations.

Alors inversement si l'on suit les voies d'influence réciproque, ou la notion de co-excitation, la pulsion disposerait d'un pouvoir de transformation du trauma en l'érotisant…

Dans la clinique, on voit qu'il y a des enjeux non sexuels dans la sexualité – les récits de scènes amoureuses évoquent souvent la détresse devant les réponses inadéquates de l'objet – comme il y a des enjeux sexuels dans des domaines qui se situent en dehors de la sexualité : même le deuil convoque la sexualité puisque la disparition du parent appelle à le remplacer dans sa fonction sexuelle. Je pense à cette patiente éplorée, en deuil de sa mère, objet d'une fixation inconditionnelle et d'une idéalisation écrasante, qui répond à une proposition de travail analytique en groupe : « Jamais ! C'est comme si vous me proposiez d'aller à une partouze ! »

Ajoutons : peut-on souffrir, se plaindre, consoler, sans une re-sexualisation de l'investissement sadomasochiste ?

Winnicott défend l'idée d'un non sexuel caché dans le sexuel : « Quand dans un rêve apparaît un serpent, pour peu que les associations s'y prêtent, vous êtes prêt à accorder à celui-ci la valeur d'une représentation de pénis. Mais si dans un rêve apparaît de manière non voilée un pénis êtes-vous prêt à penser qu'il peut représenter un serpent ou tout autre chose ? »

Ainsi peut-on rencontrer, en séance, dans la crudité des propos sexuels ou dans la tonalité de la parole, désobjectalisation et enjeux narcissiques d'une sexualité compulsive qui cherche une satisfaction immédiate. Par exemple ce patient à la recherche quotidienne d'un « plan cul », ou cette patiente, chez qui la sexualisation qui se dégage de sa voix soupire, susurre, murmure, me forçant à tendre l'oreille, tout en se plaignant que la parole n'atteindra jamais la plénitude du corps-à-corps, et cherche, avec la quête incessante et jamais réalisée du mot juste, à éviter tout écart, tout détour entre l'excitation et la satisfaction, et pour qui même le tâtonnement de la parole est refusé. Dans les deux cas, par l'agir ou par la parole, par la décharge d'une façon ou d'une autre, il y a là comme un refus du détour, de l'écart, de l'attente.

Mais le dispositif de la cure, la régression transférentielle, ne risquent-ils pas d'offrir, en particulier chez l'obsessionnel, des satisfactions substitutives à l'action, où le summum du plaisir sera lié à la sexualisation de la pensée et de la parole et qui se traduit par des cures interminables ?

LE RÔLE DE LA DÉSEXUALISATION

Paradoxalement, en creux, ne faut-il pas commencer par une désexualisation nécessaire et préalable à l'expression du sexuel dans la parole en séance ?

En effet, ce qui caractérise la sexualité humaine, c'est que le plaisir depuis 1920 ne se laisse plus facilement définir : s'il peut, avec la compulsion de répétition, être recouvert par son « au-delà », il y a aussi ce qui en révèle la complexité, les détours, le désir, la tension, comme facteurs mêmes de plaisir.

C'est parce que la pulsion sexuelle possède une tendance à ne pas chercher la pleine satisfaction – « pleine » signifie qu'il s'agit moins d'un changement de but qu'un refus de la perte du désir – et que la vie psychique dispose d'une capacité au renoncement que le dispositif de l'analyse, qui mêle séduction et interdit, favorise l'expression fantasmatique de la sexualité. Renoncement à l'acte, détour par la parole et décharge d'une autre nature.

D'ailleurs, pour l'enfant, ce sont les interdits et l'immaturité qui vont contraindre le sexuel à toujours plus se métaphoriser, la libido à se transformer en curiosité de savoir, le lien à l'objet en curiosité sur ce lien à l'objet. Si le sexuel infantile infiltre toutes les activités, c'est bien parce que l'issue de la génitalité est impossible, parce que la saleté et autres débordements sont interdits, c'est cela qui exige de la psyché un travail de transformation, de changements et de déplacements.

Et ce qui se produit dans les premières expériences à l'échelle de l'individu, ces transmutations du corps-à-corps à l'échange parlé, des soins maternels au bain de langage, n'est-ce pas analogue à ce que rencontre à ses débuts l'histoire de la psychanalyse avec le renoncement au toucher, à la pression des mains, au profit de la cure de paroles ?

La règle fondamentale suggère un transfert de l'acte sur des images, des mots, des souvenirs. Un déplacement de la libido sur la parole, qui peut alors être investie dans sa force érotique, métaphorique, d'articulation avec le corps, en particulier quand il s'agira de la donner, l'expulser, la retenir, la susurrer, en bombarder l'analyste, boucher les interstices, etc. Et Freud, évoquant la névrose obsessionnelle et le patient qui s'empêche d'associer, dit qu'il suit en cela « le plus ancien des interdits », l'interdit du toucher, puisque les mots mettent en contact représentation et sensorialité.

En 1914, la prise en compte, à côté de la remémoration, de la répétition agie entraîne un recentrage sur la séance : à côté de la sexualité dont on parle, il y a celle qui parle de mille façons, à l'insu du patient :

- le silence obstiné du patient quand la règle fondamentale ravive la problématique de soumission homosexuelle au père ;
- le geste de Dora qui introduit et retire un doigt de son porte-monnaie après son refus d'une interprétation sur la masturbation ;
- les mots employés qui condensent éléments de l'histoire du patient et de l'histoire du symptôme. Ainsi, si la sexualité parle dans les mots, les actes, les silences – entre les pôles de la répression et de l'agir, de la décharge et de la patience, du corps et du psychisme – elle connaît ainsi l'infini des traductions et métaphorisations.

Et celles-ci, appelons-les processus de désexualisation/resexualisation, reposent sur les traces des expériences de plaisir dans la rencontre avec l'objet, qui jouxtent corps-à-corps et langage, satisfaction du besoin et excitation sensorielle, et donc organisent d'emblée une double polarité : corporelle et langagière : la parole, comme poursuite du corps-à-corps, viendra limiter ce qui pourrait rester d'une sexualisation omnipotente, celle de la décharge dans le cri, l'acte ou le mouvement.

LE RETOURNEMENT PULSIONNEL

Comment, la séance va-t-elle pouvoir, face aux issues agies ou à la répression pulsionnelle, favoriser le retournement pulsionnel et la retrouvaille du sexuel infantile ? Les métaphorisations du sexuel reposent en effet sur une souplesse des déplacements, et le premier d'entre eux : le retournement pulsionnel, autoérotique, avec une capacité à s'apporter à soi-même les sensations que l'objet et sa présence procuraient, bref, une issue à la détresse, une conquête d'indépendance. À ce retournement succédera un temps où le moi prend la place passive et cède sa place active à l'objet, c'est l'espace du fantasme, de la passivité, et des satisfactions imaginaires.

L'interdiction de l'acte en séance n'est-il pas analogue aux interdits de l'enfance qui imposent au sexuel infantile sa plasticité, sa polymorphie, ses explorations, sa quête du plaisir tous azimuts et sans finalité, et sa mobilité propre à investir tous les domaines de l'activité ? Alors, les mouvements de sexualisation et de dé-sexualisation, d'alternances de forces opposées, de renversements multiples, ce serait ça le sexuel : on ne jouit que du contraste, dit Freud[1]. Un mouvement entre tension et décharge, présence et absence, une dynamique de l'alternance, des renversements, et des emboîtements des étapes du destin des pulsions.

Le climat de la séance pousse à remplacer l'insatisfaction, l'excitation et les issues agies par la réflexivité et l'autoérotisme, donc à fonder l'espace du fantasme. Ajoutons que le récit d'une scène, parce qu'il organise quasi naturellement

1. « Nous sommes ainsi faits que seul le contraste est capable de nous dispenser une jouissance intense, alors que l'état lui-même ne nous en procure que très peu » (*in* Freud, 1930a [1929]).

un dédoublement entre le patient qui a vécu, subi ou agi cette scène et celui qui la raconte, constitue les prémices du retournement pulsionnel et de l'autoérotisme. D'ailleurs, la possibilité de tout dire accompagnée de la réponse purement interprétative apparaît comme une invitation à l'autoérotisme. « Dites ce qui vous passe par la tête sont les mots d'un séducteur qui convie à l'autoérotisme », dit J. André (2008). La dimension autoérotique du transfert, ce serait cette capacité à créer et transformer les objets, à faire apparaître ou disparaître l'autre en sa présence.

Dans l'analyse, un autoérotisme minimal est effectivement nécessaire pour s'entendre parler et en même temps investir la réserve de l'analyste. Il y a un plaisir « autoérotique » à être surpris soi-même par les voies qu'a prises la pulsion sexuelle pour se représenter, un plaisir à s'approprier un souvenir, jusque-là simple élément biographique.

De M'Uzan va jusqu'à évoquer la séance comme une « zone érogène » : zone de jonction entre le corps et les mots, la voix et le sens, ces mêmes zones où s'est opérée la jonction des soins maternels, entre sensualité et réponse aux besoins. Mais c'est l'effacement et la réserve de l'objet qui vont rendre possible l'investissement autoérotique du fonctionnement psychique. Il ne s'agit pas d'une simple passivité silencieuse de l'analyste, mais d'un renoncement actif, un pas de côté, un déplacement, qui favorise le transfert sur la parole, et le renoncement à l'objet. Pas de côté qui, au fond, répète l'écart initial du début de la vie entre la satisfaction de la faim, l'autoconservation et le sein, la sensualité et l'érotique maternelles[1], à l'origine de la zone érogène. C'est le refoulement des désirs

1. « L'amour de la mère pour son nourrisson qu'elle allaite et soigne possède la nature d'une relation amoureuse pleinement satisfaisante » (Freud, 1910c).

sexuels de la mère pour l'enfant qui permet l'émergence des zones érogènes, et l'hallucination négative de celle-ci qui permet d'en intérioriser la fonction. Même présent, l'objet doit pouvoir être absenté, ce qui aura des conséquences sur l'interprétation.

Si l'on évoque la sexualité infantile en termes d'activité curieuse, exploratrice, inventive, ne décrit-on pas là précisément l'errance ludique, sans représentation-but, de l'association libre ? Le patient passe d'une réflexion raisonnante à un souvenir d'enfance, de l'évocation d'une scène érotique à celle d'un lien fraternel, d'une adresse directe à un silence perlaboratif…

Mais dans bien des cas, l'autoérotisme est défaillant, car, s'il y a deux termes, « auto » et « érotisme », l'un ou l'autre peut être défaillant. Si fait défaut le renversement « auto », il y a un abrasement de la topique Moi/Surmoi, entravant la réflexivité, avec agir de parole, hypersexualisation, et décharges compulsives. Ce qui est retiré à la motricité est déchargé brut dans la parole, l'analyste est saturé, menacé de passivation. Si au contraire c'est Éros qui s'absente, le retournement pulsionnel est empreint d'autodénigrements, autodévalorisations, souvenirs humiliants, qui témoignent de l'organisation d'un Surmoi tyrannique, avec masochisme moral, et fixation à une imago intouchable, interdisant l'investissement du corps érotique.

Ainsi, quand le jeu des renversements pulsionnels a été bloqué, les mécanismes de défense rigidifiés, l'organisation fantasmatique empêchée, c'est le rapport entre réalité interne et réalité externe qui va se trouver clivé, entre le trop de fantasme et déni de réalité d'une part, et le trop de réalité et l'écrasement imaginaire d'autre part…

LA HONTE

Si la décharge remplace le travail de transformation ou si l'autodénigrement interdit l'investissement autoérotique du corps, les affects de honte qui envahissent l'espace de la séance ne pourraient-ils être envisagés comme un pont entre l'exhibition de l'humiliation et une ébauche d'investissement de la passivité, qu'elle soit liée aux soins maternels ou à la punition paternelle ? À ce titre, l'exhibition de la petitesse, de la nullité, pourrait être le témoin de ce qui reste en nous de l'empreinte maternelle et du sexuel infantile. La honte opère un premier renversement : se montrer petit devant l'objet auquel on aurait voulu montrer sa puissance, se montrer châtré plutôt que meurtrier ; une atténuation donc et une inversion de la violence des mouvements pulsionnels. Elle recèle peut-être aussi un autre renversement caché : dans une sorte de mise en scène, le sujet interroge le regard de l'objet sur lui, une façon masquée d'exprimer une curiosité sur l'énigme du plaisir de l'objet, de le surprendre en flagrant délit de plaisir sadique…

QUEL SITE ANALYTIQUE ?

Quel sera le site le plus adéquat pour déjouer interdits et censures, permettre les échanges entre réalité et fantasme ?

Dans le face-à-face, la perception visuelle de l'analyste est sous-tendue par la nécessité d'établir sa réalité matérielle pour objectiver la distinction entre réalité et imaginaire, acte et parole, et permettre l'expérience progressive de la compatibilité entre la butée de la réalité et la liberté du psychisme. Le divan, avec le renoncement à l'échange ordinaire, favorise régression et fantasme, les pulsions partielles de la sexualité infantile y sont donc plus facilement convoquées que dans le face-à-face.

Mais, quel que soit le site proposé, le pont entre réalité et fantasme, extérieur et intérieur, associations et retour des souvenirs, passera parfois par des répétitions agies de transfert qui ont potentiellement une valeur d'insight sur les déplacements en jeu, parfois inaccessibles autrement. Si le plaisir de la parole sans interlocuteur visible fait revivre l'expérience de l'autonomie psychique, il faudra parfois certains agirs (absences, retards, silences) pour que se réanime le sexuel infantile, par exemple la puissance phallique : le plaisir d'être attendu ou le plaisir de se passer de l'adulte… (Une patiente en retard et après un long silence me dit « je n'ai rien à dire, je vous ai tout dit sur le chemin en venant ».)

Mais divan ou autre site, l'attention de l'analyste aux mots employés, parce qu'ils témoignent de l'histoire de chacun, des motions pulsionnelles engagées et investies dans la rencontre avec les premiers objets, soutient le plaisir exploratoire du sexuel infantile. Il y a les mots polysémiques où résonnent le corps, les orifices, la sexualité, les mots chargés, qui tintent à l'oreille de l'analyste par la charge pulsionnelle inconsciente qui s'y entend, mais qu'on pourrait avoir tendance à effacer comme insignifiants ou dérangeant, les mots « aiguillages ou équivoques », dit Freud (1905e [1901]). « Je détache ces mots parce qu'ils me déconcertent, me paraissent équivoques, les mêmes que ceux qu'on emploie pour les besoins corporels, ce sont des aiguillages, et si on règle ces aiguillages autrement, on arrive sur la voie où se meuvent des pensées cachées[1] » et « le traitement consiste à ce que le mot retrouve sa force magique d'antan » (1890).

1. Freud S. (1905e [1901]). Fragment d'une analyse d'hystérie, *OCF.P*, VI : 1901-1905, Paris, Puf, 2006, p. 183-301.

POUR CONCLURE

Alors que, comme l'écrit M. de M'Uzan, la séance est habitée de mouvements contradictoires entre pulsions d'autoconservation et pulsions sexuelles, l'analyste aussi peut vivre une tension entre secondarisation excessive désexualisante, et parole oraculaire, répétant l'aliénation des premiers objets, ne pouvant qu'entraîner soumission ou rejet violent.

Les interprétations ne devraient pas faire obstacle à la possibilité d'absenter la personne de l'analyste (contrairement à ce qui se passe dans la psychanalyse anglo-saxonne où la mère est toujours présente !), au profit de l'investissement de la parole, des déplacements, de l'associativité. Une présence interprétative manifestée activement et trop rapidement pourrait être entendue comme une menace d'arrêt de l'autoérotisme. Les interruptions précoces d'analyse n'en sont-elles pas le symptôme ? Comme à la suite d'interprétations systématiques du ou dans le transfert, c'est-à-dire ramenant systématiquement à la personne de l'analyste, sans que les conditions n'en soient réunies : si fait défaut la distinction entre l'analyste objet du transfert et l'analyste dans sa fonction d'interprète, elles ne peuvent être entendues comme issues de sa fonction d'interprète plutôt que de son désir en personne, ce qui provoque alors une confusion excitante et insupportable.

Les interprétations peuvent donc se faire plus volontiers :

- désexualisantes, par exemple à la recherche du sens, ou lors d'une construction historisante ;
- ou plus sexualisantes, en soulignant une analogie de termes qui va ouvrir sur des associations, permettant ainsi d'expérimenter l'enracinement corporel de l'inconscient.

Le plaisir partagé dans la séance, l'interprétation réussie, permettraient au patient de se reconnaître réfléchi par l'autre.

Le plaisir de se comprendre, en étant compris, pourrait réparer la cassure et les faillites de la rencontre avec le corps et la parole maternels, et apporter une plénitude comparable à l'illusion de ne faire qu'un dans le corps-à-corps.

RÉFÉRENCES BIBLIOGRAPHIQUES

André J. (2008), *Folies minuscules*, Paris, Gallimard.

Chervet E., Baldacci J.-L., Martin-Kamieniak I. (dir.) (2021), *La sexualité parlée en séance*, Paris, SPP éditions.

Freud S. (1905d/2006), Trois essais sur la théorie sexuelle, *OCF.P*, VI, Paris, Puf.

Freud S. (1905e [1901]/2006), Fragment d'une analyse d'hystérie, *OCF.P*, VI, Paris, Puf.

Freud S. (1910c/1993), Un souvenir d'enfance de Léonard de Vinci, *OCF.P*, X, Paris, Puf.

Freud S. (1930a [1929]/1994), Le malaise dans la culture, *OCF.P*, XVIII, Paris, Puf.

Freud S. (1933a [1932]/1995), 31e leçon : la décomposition de la personnalité psychique, *OCF.P*, XIX, Paris, Puf.

Freud S. et Abraham K. (2006), *Correspondance complète : 1907-1925*, Paris, Gallimard.

Green A. (1996), La sexualité a-t-elle un quelconque rapport avec la psychanalyse ?, *Revue française de psychanalyse*, t. LX, n° 3.

Intraitables[1]

Dans nos échanges, lors des réunions des analystes du Centre[2], nous avons pour habitude de présenter à la discussion les difficultés contre-transférentielles, voire les moments de crise, auxquels nous sommes confrontés dans certaines cures ; cette année les situations présentées avaient un certain nombre de points communs qu'un terme est venu caractériser : *intraitable*.

D'abord c'est un terme que nous avons mis en relation avec le *contre-transfert*, tant celui-ci était mis à l'épreuve, celui de l'analyste, mais aussi celui du consultant, et celui du groupe (ceci explique le pluriel du titre).

On assiste ainsi dans certaines situations à des mouvements chez l'analyste qu'on pourrait résumer ainsi :

1. c'est une mauvaise indication, le consultant s'est trompé, il n'a pas vu lors des consultations ce à quoi moi j'ai affaire dans le traitement ;
2. c'est un patient impossible, intraitable, je m'ennuie, m'endors, désinvestis et renonce à un travail analytique ;
3. une pensée apparaît : s'il pouvait s'en aller et ne plus revenir !

Affirmation passionnelle qui pourrait bien renvoyer au paradoxe d'une question soulevée par Michel Neyraut :

1. Communication orale au colloque du CCTP (janvier 2022).
2. Centre de consultations et de traitements psychanalytiques.

qu'est-ce qui est donc en jeu dans ces cures « interminables d'emblée » ?

Ce sont donc des situations difficiles, mais qui vont nous permettre de renouveler un questionnement longuement travaillé ici au CCTP sur la différenciation des fonctions consultative et analytique.

L'analyste se sent contraint dans son écoute, pris entre différents agirs contre-transférentiels allant du bras de fer au désinvestissement, en passant par des mouvements réparateurs ou des contre investissements. Voire en opposant un intraitable à un autre : crispation à une attitude inflexible, sous-tendue par un surmoi analytique rigide, conformisme dogmatique, rendant impossible toute négociation, toute adaptation, à ce moment-ci, à ce patient-ci, et exprimant au fond indisponibilité et rejet.

Mais Guyomard affirme que c'est l'analyse elle-même qui est intraitable, je cite : « Freud le premier a été intraitable : [...] sur l'inconscient, la réalité psychique, la force de l'autre scène : il ne cède pas à l'homme aux rats qui lui demande de le dispenser du récit du supplice ; lui disant qu'il n'est pas en son pouvoir de le dispenser de ce qui ne lui appartient pas. »

Alors, raideur réactive contre transférentielle, « allergique », ou confiance inébranlable dans la méthode ?

Et la méthode est-elle d'ailleurs si puissante que rien ne lui soit impossible ? Qu'elle puisse toujours traiter l'intraitable ? Étendre son domaine à l'infini, une extension au risque de l'inconsistance ? Au Centre nous avons travaillé cette problématique autour de la possibilité et l'éventualité du refus : la consultation trouvant aussi son bien-fondé, dans l'éventualité toujours possible que la méthode analytique, y compris sous ses formes adaptées, soit inadaptée pour tel patient. Le terme d'intraitable a aussi un sens premier, sur fond duquel on envisagera ce qui peut se traiter.

Ensuite, pour tenter de *décrire les traits communs* à ces situations :

Inflexibilité, emprise, il y a quelque chose d'immobile, d'implacablement répétitif, et qui s'exprime chez certains patients présentés aujourd'hui comme une exigence, implicite : « Ça ne se discute pas, c'est comme ça et pas autrement, je ne bougerai pas », engageant avec l'analyste bras de fer et finissant en impasses ;

Au fond, l'inverse de la *plasticité* de la sexualité infantile. Plasticité sur laquelle reposent écoute et association libre.

Car le *malaise* est grandissant devant la difficulté à la tenue même de la méthode, devant le refus implicite de la dissymétrie, le désintérêt ou le rejet de l'interprétation, vécue comme un jugement ou une position personnelle de l'analyste, devant l'incapacité à saisir l'ambiguïté ou la polysémie d'un propos.

Remarquons d'ailleurs que souvent ces patients prônent des thérapies alternatives et généralement hostiles à l'analyse (coaching, thérapies positives, confiance en soi, hypnose, méditation, etc.).

La transitionnalisation de la situation paraît hors de portée ; le dedans de la vie psychique et le dehors de la réalité soit confondus soit clivés.

Et donc face à l'immobilité revendiquée, à la violence du transfert négatif, l'analyste sera parfois amené à se demander (et à lui demander) ce que le patient, consciemment et inconsciemment, vient chercher avec le traitement analytique.

Comme dit Jacques André pour définir l'intraitable, le patient « adresse une demande pour échapper à la souffrance et au malheur, mais en même temps le refuse, et s'entoure secrètement d'une tranchée infranchissable ».

Tout en ajoutant : « jamais la pratique psychanalytique ne s'est résumée à l'application d'une méthode », et « contrairement aux psychologies positives, la psychanalyse n'existe que d'être mise à l'épreuve du transfert au sein du contre-transfert».

Françoise Coblence écrit: «Le détour caractérise le fonctionnement et la formation des entités psychiques, mais aussi la méthode pour les saisir, qui implique de ne pas viser directement un but [...] Entre la pulsion et la satisfaction, le trajet se complique des inhibitions, déplacements, sublimations. Ces détours sont autant des détours qu'ils sont la chose même.»

Plasticité, détours, passages (déplacements, intérêt pour des détails, souvenirs-écrans), n'est-ce pas ces détours qui font précisément défaut dans ces cures?

On pense parfois aux anti-analysants décrits par McDougall: il ne se passe rien, ni dans le discours ni entre les deux protagonistes. Le processus ne se déclenche pas. Avec une force statique d'anti-liaison. Ennui et perte de la curiosité gagnent l'analyste.

Mais ces formations de caractère, si elles ont un aspect défensif, ont aussi pour rôle d'assurer, devant un danger ou une épreuve, un minimum vital de satisfaction, dit Neyraut.

Danger, épreuve, de quelle répétition s'agit-il? Est-ce le refus violent du féminin qui est convoqué?

L'analyste, quand il n'est pas attaqué directement, voit ses interprétations balayées, ignorées, semblant ne pas laisser de traces.

Dans plusieurs cas, il doit se faire petit, presque inexistant, pour être toléré. Neutralisé dans sa fonction.

L'analyste redoublerait-il, au lieu de s'en distinguer, un objet tout-puissant? Le traitement oscillant dès lors entre répression des mouvements pulsionnels violents et leur explosion.

Enfin, les questions autour de la technique, l'embarras contre-transférentiel, les difficultés à susciter dynamique et associativité vont amener l'intervention sous une forme ou une autre d'un tiers, l'institution, le consultant, le groupe. Nous en verrons, ou non, les effets.

Car le terme même renfermait potentiellement son impasse.

Il a surgi dans le groupe à propos d'une patiente : intraitable.

D'abord l'adjectif – autrement dit : une personne qui n'accepterait aucun compromis, « aucun traité », nous dit Jean-Louis Baldacci ; personnalité « autocrate », nous dit encore Jacques André.

Car « intraitable » peut se dire de l'inconscient ou du sexuel. « La sexualité est incurable », écrit Freud à Fliess.

Patrick Guyomard enfonce le clou. Il nous dit : « L'inconscient attend plus d'être reconnu, entendu, pris dans un affect de vérité, que traité. Il se satisfait d'être entendu, un traitement le maltraite. »

Définitions que nous trouvons dans l'ouvrage éponyme, *L'intraitable*, recueillant les communications d'un colloque organisé par Jacques André. Celle de Jean-Louis Baldacci a attiré notre attention sur la violence faite au langage quand le néologisme fait passer l'adjectif au substantif. Ceci est arrivé au « sexuel », à « l'inconscient ». Le risque est de créer un mot : l'intraitable, fermant précisément toute possibilité de le traiter. Bloquant les possibilités de penser, effaçant l'incertitude, l'épaisseur, et l'incomplétude à laquelle le mot renvoie.

Jean-Louis Baldacci, en seconde topique, fait ressortir le caractère intraitable d'une figure imagoïque, surmoïque, donc, parfois vitale pour la sauvegarde de l'identité, pas moins dangereuse dans le jeu transférentiel.

D'impasses contre-transférentielles en agirs contraints, l'analyste cherche un chemin pour surmonter les répétitions. Celui-ci passe souvent par le tiers institutionnel qui favorise la reprise d'un processus mis à l'arrêt. Reprise d'un processus interprétatif ou identificatoire.

Mais, comme le souligne une autre collègue, nous pourrions aussi envisager la possibilité que la « réaction thérapeutique négative », classiquement attribuée au patient, puisse occuper le terrain contre transférentiel du côté de l'analyste, et aussi d'un groupe d'analystes écoutant un autre analyste.

S'impliquer, oui mais[1]...

Une collègue, il y a de nombreuses années, à un patient qui stagnait un peu dans sa vie professionnelle, et qui un jour arrive en séance en parlant d'une proposition de travail un peu inespéré, mais qui lui faisait manquer de longues semaines de séances, avait dit : « Il y a des offres qui ne se refusent pas. »

Nous avions eu des discussions animées dans le groupe ; si la plupart soutenaient cette implication de l'analyste, du côté de la vie, d'autres exprimaient une légère réprobation, cette position heurtant leur idéal analytique. Sans compter que la formule paraissait un peu plate, pouvant être dite par n'importe quel proche du patient. Mais pour reprendre une formule de J.-L. Donnet, elle avait « préféré son patient à la psychanalyse ». Il nous rappelait souvent la phrase de Winnicott, « si je ne peux pas faire de l'analyse je fais autre chose et pourquoi pas ? », tout en questionnant la désinvolture de Winnicott qui semblait ainsi nier tout conflit interne dans ce renoncement affiché à la psychanalyse…

Dans un premier temps on peut poser la question en ces termes : comment l'analyste navigue-t-il entre son appui sur la méthode, sa confiance dans l'interprétation et ses après-coups, et le sentiment qu'il doit parfois s'impliquer en personne et décrocher momentanément de sa neutralité habituelle ?

1. Communication orale au colloque du CCTP de janvier 2024.

Dans quelles circonstances est-il amené à quitter une position purement interprétative au profit d'une réassurance, une prise de position, un conseil, ou de tout ce qui pourrait relever d'une parole en son nom propre ?

C'est généralement du côté du patient qu'on envisage les différentes formes d'agirs, par exemple : une expression directe s'adressant à la personne de l'analyste, une prise à partie, avec l'exigence implicite d'une réponse autre qu'interprétative.

S'agit-il, en symétrie, du même hors-champ de l'interprétation chez l'analyste ?

Par ailleurs, les tentatives pour raccourcir le temps long de la perlaboration, pour accélérer un processus en panne, ont été une constante dans l'histoire de la psychanalyse, pour dépasser les résistances et accélérer le processus : prescrire, conseiller, ordonner.

Cela va du débat Freud/Ferenczi à propos de la technique active aux injonctions de Freud qui donne huit jours à Emmy pour changer d'avis sur ses symptômes et douleurs, ou qui fixe un terme à l'analyse de l'homme aux loups pour relancer une dynamique absente, et en passant par les sources hypnotiques de la psychanalyse.

Et si l'hypnose a laissé la place à la psychanalyse, c'est d'une part parce qu'elle ne faisait appel qu'à la docilité, et non à l'intelligence, et au sens des symptômes, et parce qu'elle s'accompagnait de nombreux échecs et refus… À la limite, si tous les patients avaient été hypnotisables, il n'y aurait pas eu de psychanalyse.

L'obéissance à l'ordre de l'hypnotiseur fait alors place à la subjectivation de la mise en sens, et la neutralité de l'analyste est née en partie du rejet de l'influence hypnotique.

Dans la clinique présentée au colloque, qui ne sera pas reprise ici pour des raisons de confidentialité, on trouve plusieurs types d'implication de l'analyste ; parfois elle naît d'un sentiment d'impasse, voire d'urgence, et elle se présente intuitive ou réfléchie, réprimée ou agie, chargée d'excitation ou « bien tempérée ». Mais parfois, c'est à son insu et malgré lui que l'analyste agit son contre-transfert avec des actes manqués, des incidents à propos du cadre, ou autres manifestations involontaires.

Se pose ici la question des limites de l'interprétation dans l'au-delà du principe de plaisir. Car jusqu'à quand compter sur la processualité, la justesse du sens, alors que la situation s'enlise et semble cliver, dans une exclusion réciproque, l'interprétation et l'action ? Ne voit-on pas là parfois une sorte de perversion de l'analyse, qui se traduit par une situation trop bien réglée, à la symbolisation close, l'interprétation inefficace ?

L'implication en personne de l'analyste, ses agirs qui répondent à un sentiment d'urgence ou d'enfermement concernent des situations marquées par la fragilité de la transitionnalité du transfert, et le poids des traumatismes.

Car si tenir la ligne de l'interprétation et de la neutralité est plus aisé avec les patients pour lesquels ne se pose pas la question de la réparation et de la vulnérabilité, l'exigence de reconnaissance du passé, des préjudices, des traumas ou des catastrophes actuelles dans leur vie, amène des variations dans le mode de présence de l'analyste.

Analyste qui va osciller entre deux pôles, celui de la causalité, avec le poids de l'histoire, et celui de la subjectivation avec l'autonomie radicale de la vie psychique.

Variations parfois minimes, mais qui peuvent soutenir et donner sens à la neutralité et la réserve habituelles ; vécues sinon comme esquives, « froideur » ou indifférence :

Entre l'excès d'impersonnalisation (qui peut entraîner une véritable incompréhension de la relation analytique, et une représentation de l'analyste omniscient et omnipotent), et qui explique peut-être certaines interruptions précoces d'analyse, le patient ne pouvant s'approprier le mode de fonctionnement de l'analyste. Et l'attente d'une relation de personne à personne, qui signe la fragilité de la référence paternelle et d'impersonnalisation du surmoi, met la neutralité à l'épreuve avec des incidents de cadre, absences, ou demandes pressantes et directes.

Une patiente après l'énoncé de la règle m'avait demandé du tac au tac « Et vous me répondrez ? »

Difficile en effet pour certains d'investir la neutralité comme « don d'absence », ouverture et disponibilité, et l'interprétation comme une implication.

D'ailleurs la neutralité, comme masque et réprimant – plutôt que contenant – les mouvements libidinaux de l'analyste, ne peut-elle être entendue comme refus du féminin chez l'analyste, refus de se laisser bousculer, modifier par son patient ? une crispation quasi identitaire… Qui plus est, sous le regard de nos « maîtres »…

Or, pour certains patients, dont les assises narcissiques sont entamées par le poids des traumas et blessures, l'analyste est parfois amené à endosser une figure imagoïque comme pour revenir à l'organisation narcissique du moi et aux premières relations d'objet. Quitter donc momentanément l'impersonnalisation de la fonction pour resubjectiver paradoxalement la position de l'analyste peut être nécessaire. Une régression pour sortir de la régression.

OUI, MAIS…

Je dirais que c'est parce que l'implication en personne se détache sur un fond de neutralité qu'elle prend sa valeur. N'est-ce pas l'alternance, le contraste entre différentes attitudes de l'analyste, la discontinuité (ni imperturbabilité infinie ni élasticité maximale faisant perdre toute consistance à la relation analytique), qui sont porteurs pour le patient d'une saisie de l'écart entre la personne de l'analyste et son rôle d'interprète ? Ça fait contraste, ça tranche, avec la réserve et l'effacement habituel de l'objet. Ce qui permettrait de construire peu à peu ambiguïté et transitionnalité.

POUR CONCLURE SUR LA NOTION DE NEUTRALITÉ

Souvent définie négativement par la réserve et l'effacement, elle a donné lieu à des caricatures et à ses formes radicales où l'analyste se présenterait comme un pur écran aseptisé, un masque, généralement dans la tradition de l'analyse où le mutisme était la règle.

On peut ajouter qu'avec la complexité du champ analytique intégrant la satisfaction au-delà du principe de plaisir, l'analyste est contraint d'éviter les satisfactions masochistes par un excès de frustration, pour que la situation échappe à la compulsion de répétition.

Mais au terme du colloque on saisit, avec les présentations cliniques, tout ce qui peut peser sur la liberté d'intervention de l'analyste. Rétention, inhibition, à la mesure du surmoi analytique... qui peut coexister avec agirs et tentation de faire autrement, mais à l'abri du regard institutionnel !

Cette tension entre mouvements intérieurs et la nécessaire – et relative – impersonnalisation est au cœur du contre-transfert et habite l'ambiguïté de la neutralité analytique.

Quand le patient perçoit, devine, investit cet écart entre la personne de l'analyste et cet analyste dans sa fonction, quand la réserve n'est pas synonyme d'imperturbabilité, mais de disponibilité et continuité dans l'écoute, il lui devient possible d'intégrer, chez lui aussi, un écart entre ses propres mouvements et leur mise au travail.

Difficile donc de ranger le registre interprétatif dans un tiroir aseptisé : la séduction (ou le rejet) opère tant par la voix, le timbre, le choix interprétatif, que par la situation elle-même, qui n'a d'autres limites que la réalité psychique. Ce que le cadre vient heureusement complexifier.

Quant aux agirs ou interventions où l'analyste se montre en personne, comment ne pas penser que cela peut prendre sens comme autorisation d'un espace de liberté, abrasement momentané de la face interdictrice du surmoi ?

Dans tout ce parcours, les échanges inter-analytiques occupent une place de choix : les collègues qui ont présenté au groupe ou au colloque ont retracé le chemin par lequel ils sont passés, ont reconstitué les aléas de tout travail analytique, et ces récits sont les garde-fous d'une personnalisation excessive, et transforment des séquences d'agir ou de répression en moments symbolisants.

Il est aussi inopérant d'opposer orthodoxie et transgression, que neutralité et implication. Cette journée l'a bien illustré.

Remerciements

Les *Débats en psychanalyse* tiennent à remercier vivement Anne Tirilly, notre collègue, psychanalyste de la SPP et membre du Comité éditorial, pour son aide à la préparation et la construction de ce livre.

Ouvrages parus dans la collection « Débats en psychanalyse »

Lapsus, oublis et actes manqués, sous la direction de Dominique Bourdin, Claire Maurice, Jeanne Ortiz, 2025.

Institutions désenchantées, sous la direction de Charlotte Perrin-Costantino, Jacques Angelergues, Laurent Muldworf, 2024.

Le contre-transfert d'hier à aujourd'hui, sous la direction de Dominique Bourdin, Françoise Cointot, Claire Maurice, 2024.

L'enfant en psychanalyse, sous la direction de Marie-Laure Léandri, Françoise Moggio, Paul Denis, 2024.

Les psychanalystes à l'épreuve du temps présent, sous la direction de Jacques Angelergues, Dominique Bourdin, Anne Tirilly, 2023.

La distance, sous la direction de Charlotte Costantino, Hélène Parat, Anaïs Restivo-Martin, 2023.

Désillusion, sous la direction de Dominique Bourdin, Françoise Cointot, Anne Tirilly, 2023.

Le corps en séance, sous la direction de Anne Maupas et Marie Sirpacq, 2022.

L'émotion, sous la direction de Marie-Laure Léandri, Hélène Suarez-Labat, 2022.

Planète en détresse. Fantasmes et réalités, sous la direction de Dominique Bourdin, Dominique Tabone-Weil, 2022.

Le sexe de l'analyste, sous la direction de Françoise Cointot, Marie-Laure Léandri, 2021.

Mémoires : se souvenir, oublier, sous la direction de Jacques Angelergues, Françoise Cointot, Hélène Parat, 2021.

La latence, période et processus, sous la direction de Jacques Angelergues, Claire Maurice, Anne Tirilly, 2021.

L'accueil de l'autre, sous la direction de Charlotte Costantino et Laurent Danon-Boileau, 2020.

Amour, sous la direction de Marie-Laure Léandri et Hélène Parat, 2020.

Excitation, sous la direction d'Isabelle Martin-Kamieniak et Félicie Nayrou, 2020.

Trois séances par semaine ?, sous la direction d'Évelyne Chauvet, 2019.

Maternités, sous la direction de Sylvain Missonnier et Hélène Parat, 2019.

Crises et ruptures, sous la direction collective du comité des Débats en psychanalyse, 2019.

Le symptôme, sous la direction de Charlotte Costantino, Kalyane Fejtö, Roland Havas, 2018.

La psychanalyse est-elle mortelle ?, sous la direction de Laure Bonnefon-Tort, Anne Maupas, Dominique Tabone-Weil, 2018.

Penser l'agir, sous la direction de Jacques Bouhsira, Charlotte Costantino, Marie-Laure Léandri, 2018.

Psychanalyse et terrorisme. L'effroi peut-il s'élaborer ?, sous la direction d'Évelyne Chauvet, Laurent Danon-Boileau, 2017.

La psychosomatique, sous la direction de Félicie Nayrou, Gérard Szwec, 2017.

Ouvrages parus dans la collection « Monographies et débats de psychanalyse »

L'originaire et l'archaïque, Jacques Bouhsira, Sylvain Missonnier (dir.).

Le principe de plaisir, Jacques Angelergues, Françoise Cointot (dir.).

Destins de la libido, Hélène Parat, Jacques Angelergues, Michèle Emmanuelli (dir.).

Le meurtre fondateur, Bernard Cherver (dir.).

La sexualité masculine, Martine Janin-Oudinot, Marie-Claire Durieux, Laurent Danon-Boileau (dir.).

La destructivité chez l'enfant, Aline Cohen de Lara, Laurent Danon-Boileau (dir.).

Pourquoi la règle ?, Bernard Chervet, Jean-Luc Donnet (dir.).

Le bébé en psychanalyse, Myriam Boubli, Laurent Danon-Boileau (dir.).

La sexualité féminine, Guy Cabrol, Michèle Emmanuelli, Félicie Nayrou, Hélène Parat (dir.).

La consultation psychanalytique, Jacques Boushira, Martine Janin-Oudinot (dir.).

L'interprétation, Bernard Chervet (dir.).

La dépression, Guy Cabrol, Marie-Claire Durieux, Hélène Parat (dir.).

Le fétichisme, Denise Bouchet-Kervella, Martine Janin-Oudinot, Jacques Bouhsira (dir.).

L'éthique du psychanalyste, Bernard Chervet, Jean-Michel Porte (dir.).

La compulsion de répétition, Bernard Chervet (dir.).

Nosographie psychanalytique, Jacques Boushira, Laurent Danon-Boileau (dir.).

L'inconscient freudien, recherche, écoute, métapsychologie, Gérard Bayle (dir.).

Les idéaux, Guy Cabrol, Hélène Parat, Claude Janin (dir.).

Inquiétante étrangeté, Laurent Danon-Boileau (dir.).

Transgression, Jacques Bouhsira, Sylvie Dreyfus-Asséo, Marie-Claire Durieux, Claude Janin (dir.).

Figures de la projection, Marie-Claire Durieux, Martine Janin-Oudinot (dir.).

Le refoulement, Jacques Boushira, Laurent Danon-Boileau, Claude Janin (dir.).

Avancées de la psychanalyse, Paul Denis, Bernard Chervet, Sylvie Dreyfus-Asséo (dir.).

La recherche en psychanalyse, Michèle Emmanuelli, Roger Perron (dir.).

Actualité de l'Œdipe, Guy Cabrol, Félicie Nayrou, Hélène Parat.

Le rêve et la séance, Bernard Chervet, Christine Jean-Strohic (dir.).

Interdit et tabou, Marie-Claire Durieux, Félicie Nayrou, Hélène Parat (dir.).

Ambivalence : l'amour, la haine, l'indifférence, Michèle Emmanuelli, Ruth Menahem, Félicie Nayrou (dir.).

La haine : haine de soi, haine de l'autre, haine dans la culture, Alain Fine, Félicie Nayrou, Georges Pragier (dir.).

Ouvrages parus dans la collection « Monographies de psychanalyse de la Revue française de psychanalyse »

Le traumatisme psychique : organisation et désorganisation, Françoise Brette, Michèle Emmanuelli, Georges Pragier (dir.).

L'affect, Jacques Bouhsira, Hélène Parat (dir.).

Winnicott insolite, Jacques Bouhsira, Marie-Claire Durieux (dir.).

Caractères, Jacques Bouhsira, Sylvie Dreyfus-Asséo, Alain Fine (dir.).

Quelle guérison, quelle normalité ?, Claude Janin, Diane L'Heureux Le Beuf, Georges Pragier (dir.).

Identifications, Laurent Danon-Boileau, Alain Fine, Steven Wainrib (dir.).

Le narcissisme, Marie-Claire Durieux, Claude Janin (dir.).

Freud, le sujet social, Annick Le Guen, Georges Pragier, Ilana Schimmel (dir.).

Fixation, régression, Sylvie Dreyfus-Asséo, Diane L'Heureux Le Beuf (dir.).

Sur les controverses américaines dans la psychanalyse, Marie-Claire Durieux, Alain Fine (dir.).

Hystérie, Annick Le Guen, Annie Anargyros-Klinger, Claude Janin (dir.).

Interprétation : t. 1 : un processus mutatif, Georges Pragier, Louise de Urtubey, Steven Wainrib (dir.).

Transferts, Laurent Danon-Boileau, Diane L'Heureux Le Beuf, Georges Pragier (dir.).

Interprétation : t. 2 : aux sources de l'interprétation : le contre-transfert, Louise de Urtubey, Georges Pragier (dir.).

Psychoses : t. 3 : pratiques, Josiane Chambrier-Slama, Roger Perron, Victor Souffir (dir.).

Psychoses : t. 2 : aux frontières de la clinique et de la théorie, Josiane Chambrier-Slama, Roger Perron, Victor Souffir (dir.).

Psychoses : t. 1 : théorie et histoire des idées, Josiane Chambrier-Slama, Roger Perron, Victor Souffir (dir.).

Construire l'histoire, Diane L'Heureux Le Beuf, Roger Perron, Georges Pragier (dir.).

Créations, psychanalyse, Annie Anargyros-Klinger, Ilana Schimmel, Steven Wainrib (dir.).

Peurs et phobies, Alain Fine, Annick Le Guen, Agnès Oppenheimer (dir.).

Bisexualité, Alain Fine, Diane L'Heureux Le Beuf, Annick Le Guen (dir.).

Cliniques psychosomatiques, Gérard Le Gouès, Georges Pragier (dir.).

Le moi et son angoisse : entre pulsion de vie et pulsion de mort, Benno Rosenberg.

Angoisse : pluralité d'approche : t. 2, Nadine Amar, Annick Le Guen, Agnès Oppenheimer (dir.).

Scènes originaires, Gérard Le Gouès, Roger Perron (dir.).

L'hypocondrie, Marilia Aisenstein, Alain Fine, Georges Pragier (dir.).

Sandor Ferenzci (1873-1933), Thierry Bokanovski, Kathleen Lainé Kelley, Georges Pragier (dir.).

Le double, Catherine Couvreur, Alain Fine, Annick Le Guen (dir.).

Surmoi : t. 2 : les développements post-freudiens, Nadine Amar, Gérard Le Gouès, Georges Pragier (dir.).

Surmoi : t. 1 : le concept freudien et la règle fondamentale, Jean-Luc Donnet.

Psychanalyse et préhistoire, Alain Fine, Roger Perron, François Sacco (dir.).

Le deuil, Nadine Amar, Catherine Couvreur, Michel Hanus (dir.).

Les troubles de la sexualité, Alain Fine, Annick Le Guen, Agnès Oppenheimer (dir.).

Autismes de l'enfance, Roger Perron, Denys Ribas (dir.).

La psychanalyse et l'Europe de 1993, Gilbert Diatkine, Gérard Le Gouès, Ilana Schimmel (dir.).

La névrose obsessionnelle, Bernard Brusset, Catherine Couvreur (dir.).

Angoisse et complexe de castration, Annick Le Guen, Agnès Oppenheimer, Roger Perron (dir.).

Masochisme mortifère et masochisme gardien de la vie, Benno Rosenberg, Claude Le Guen (préf.).

La boulimie, Bernard Brusset, Catherine Couvreur (dir.).

La psychanalyse : questions pour demain, Ilana Schimmel (dir.).

Ouvrages parus dans la collection « Débats de psychanalyse »

Le conflit psychique, Bernard Chervet, Laurent Danon-Boileau, Marie-Claire Durieux (dir.).

Interpréter le transfert, Félicie Nayrou, Georges Pragier (dir.)

La vie amoureuse, Jean Cournut, Marie-Claire Durieux, Michèle Emmanuelli, Félicie Nayrou (dir.).

Pratiques de la psychanalyse, Jean Cournut, Jacqueline Schaeffer (dir.).

Sectes, Paul Denis, Jacqueline Schaeffer (dir.).

Clés pour le féminin : femme, mère, amante et fille, Jacqueline Schaeffer, Monique Cournut Janin, Sylvie Faure-Pragier (dir.).

Psychothérapies psychanalytiques, Gilbert Diatkine, Jacqueline Schaeffer (dir.).

Interrogations psychosomatiques, Alain Fine, Jacqueline Schaeffer (dir.).

Le mal-être : angoisse et violence, Jean Cournut, Paul Israël, Augustin Janneau, Jacqueline Schaeffer (dir.).

Psychanalyse, neurosciences, cognitivismes, Catherine Couvreur, Agnès Oppenheimer, Roger Perron, Jacqueline Schaeffer (dir.).

Cet ouvrage a été composé par Soft Office
à Eybens (38)

PEFC
10-31-3532
Certifié PEFC
Ce produit est issu de forêts gérées durablement, de sources recyclées et contrôlées
www.pefc-france.org

Imprimé en France sur papiers
issus de forêts gérées durablement

Sepec Numérique

1, rue de Prony - ZA des Bruyères
01960 Péronnas

IMPRIM'VERT®

Achevé d'imprimer en mai 2025
Numéro d'impression : N17932250356